尼克罗·马基亚维利

马化腾

成吉思汗

拿破仑·波拿马

图解战略

一本书读懂3000年战略史

孙子

彼得一世

黑木为桢

亚伯拉罕·林肯

利德尔·哈特

勒妮·莫波涅

尤里乌斯·恺撒

彼得·F.德鲁克

[日]铃木博毅·著
[日]泷丽·绘 周素 陈广琪·译

文化发展出版社
Cultural Development Press
·北京·

Prologue 序言

战略日益成为现代人“学以致用”之物

贯串人类历史直至21世纪思维前沿的“战略思想”到底是什么？

相信读者们都模模糊糊地知道战略，却无法给出准确的答案吧。关于“战略”一词的意义与定义，到底有没有放诸四海而皆准的答案呢？在互联网上动动手指，就会抓取到无数关于战略的信息。假如您是一位商务人士，估计“战略”一词肯定是萦绕耳边挥之不去的高频关键用语。

诸位读者们关于战略最简明的形象，不外乎是“某种成功法则”之类的定义吧。还好，笔者在拙作《“超学”入门——失败的本质》（钻石出版社）中，做出过这样的定义：“所谓战略就是为达到目的追求何种指标。”因为这种说法更易理解，使用起来也更趁手。

请读者们设想一下参加一个汽车拉力赛的情形吧，为了击败对手可以在多个取胜之策中做出选择。假如您的团队追求的是“引擎的马力”指标，得出的是“大马力战略”;假如追求的是“车身轻量化”指标,得出的是“轻量化战略”;假如追求的是“驾驶技术”指标,得出的是“赛车手技术战略”。

无论哪种选择，最重要的一点是“如何追求”。

虽然我们开始根据主观意愿选择了某个战略，但是在途中可以改变既定的“追求指标”。以前文为例，当您发现单单依靠提升引擎马力无法取胜时，就该明白为了夺标必须转而追求“其他指标”。

“有竞争战略”与“无竞争战略”

在战略分类中，附带“竞争”二字叫作“竞争战略”，指的是当存在竞争对手时，必须比对方更具优势，否则将无法获取竞争利益。最典型的例子就是争夺名次的比赛、根据成绩授予不同金额奖金的竞赛，以及在某个市场内对商业利益的角逐等。

那么，“无竞争战略”究竟是否存在呢？当然存在！例如，以“自我健康管理”“时刻注意安全驾驶”等内容为目标时，就不会产生“竞争”关系。所有这些“追求的指标”的参与者都是受益者，只不过是程度不同而已。即使不能领先于其他人，只要瞄准某个目标持续努力，所有人都会有收获，这就是所谓的“无竞争有效战略”。

但是，执行这样的战略往往没有“一夜暴富”的机会。无竞争状态的战略也无法给人带来人类天生的那种“超越他人”的心理满足感。有对手的竞争情况诡谲多变，无对手的竞争情况下，目标则处于恒定状态，所能获得的利益变动幅度也就更小。

“有竞争”就一定会给对手造成伤害吗？

与“无竞争战略”不同，“战争战略”可谓是典型的“有竞争战略”。其理由并不复杂，因为战争肯定是有竞争对手才能打起来。胜利一方收获巨额回报，失败的一方则损失惨重。本书将在第 1 章和第 8 章着重介绍“战争战略”，在第 2 章介绍“竞争战略”。

那么，是否必须与对手展开全方位竞争，或者必须压对方一头才能算是取得“胜利”呢？事情未必如此。还有一种“协商战略”，也就是避免“与他人产生斗争”，而是通过“与他人协商”的方式获取胜利，本书第 3 章“规避竞争的竞争战略”中会详细阐述这方面的内容。诸位读者们难道不觉得，无论是对自己也罢，对身处的组织也罢，甚至包括竞争对手也能受益的战略才是最有价值的战略吗？或许，这就是为何战略被称作“人类的智慧”的原因吧。

掌握浓缩了“人类 3000 年睿智”的“战略意识”

读者跟随本书的脚步就可以体会到，战略的发展一直贯串着整个人类历史，也是人类历史不可或缺的一部分。从古代战争到中世纪的政治斗争，以及现代的商战……只要是存在胜利者与失败者的舞台，“战略”必然紧随其左右。

战略的历史也就是人类的历史！本书的起点是诞生于公元前的战略。或许有人会问：“学习这些埋藏在历史尘埃中的老东西有意义吗？”实际上，越是古老的战略越能体现出战略的根本所在。也正是有了古代熠熠发光的战略，经过长年累积的发展，才会诞生出现代（最前沿）的战略，这是不容置疑的事实。

领会战略进化的精髓，也就是在纵览人类的睿智之光，相当于再次追随人类思想智慧的历史足迹。想要掌握最新战略，应该从人类最古老的智慧起步，才会有更深刻的体会吧。

不仅如此，学习战略思想除了能掌握人类的历史之外，对于现代人来说最大的好处是能够“获得战略意识”。

界定“战略＝追求的指标”这一概念，就可以掌握洞察未来的能力，就可以将“预测未来”变成自身的习惯。更重要的是，战略是为创造更有利的环境、构筑前期方策的工具。因此，假如读者现在处于人生低谷而不知所措，“战略意识”或许能成为人生转折点。越是前途渺茫的时候越不能放任自流，唯有坚持“战略先导”，才能活出一片新天地。

胜者通吃的 21 世纪，越是战略高手越活得滋润

进入 21 世纪，随着科技的发展，我们的生活也越来越丰富多彩。这个时代，也是以 GAFA 为代表的跨国企业，在不断推出能为世界带来新面貌的企业战略的时代。在这样一个时代，唯有掌握了战略的胜者，才能做到强者恒强。

唯有对新战略进行分析，达到能够揭示其中奥秘的程度，才能成为书籍。这就意味着新战略诞生伊始，刚刚开始发挥作用的新战略虽然尚未被赋予明确的定义，但是已经在为社会做出巨大的贡献，这是多么神奇的事情啊。本书第 6 章、第 7 章将着重介绍最新的商战战略。

本书内容既包含商战世界中已经在发挥重大贡献的最新战略，也介绍了人类自古以来的战略智慧，是一部战略入门书籍，目的是让诸位读者对战略有一个粗略、全面的了解。

在第 1 章介绍的《孙子兵法》，据说诞生于公元前 500 多年。不过笔者认为，这本书并非横空出世之作，应该是汇集了累累岁月之后的产物吧。在此向为我们留下无数智慧财富的先驱们致以敬意。

无论是还在为就职奔走的大学生们，还是正在为新生事业苦心积虑的职业经理人，还有那些为规划精彩人生摸着石头过河的人，都能在本书中找到有所启发的战略知识。

那么，就让我们一同投身于这个现代人学以致用的战略新世界吧！

2019 年 12 月

铃木博毅

第2章 竞争战略

第3章 规避竞争的竞争战略

第4章 产业结构战略

第5章 执行战略

第6章 创新战略

第8章 战争史

由古至今的战略史导图

古代

古代军队在战争中的力量角逐

- 孙子

夫战者必有战略，
弱能胜强，
以智取胜。

- 亚历山大大帝
- 恺撒

得时机者得胜利。

发挥统治、军纪、组织管理的威力

- 韩非子

中世纪

- 维吉提乌斯（战术）
- 马基亚维利（君主论）

"行正道"且知变通者，方为明君。

有效利用机动力与火器

- 成吉思汗

- 拿破仑
- 克劳塞维茨

◆拿破仑之后的时代中战略理论百家争鸣的理由◆

从古代到中世纪，著名的战略理论只有罗马帝国的军事史学家维吉提乌斯的《战术》。此后一直到拿破仑的时代并未出现过震撼时代的新战略理论，究其原因，最大的变数是军事技术革命。

近现代

新技术发展与新战略诞生

- 美国南北战争
- 兰切斯特法则

生产方式的革命

- 丰田生产方式

竞争·资源优越性理论

- 波特（定位营销战略）
- 巴尼（经营资源战略）

古典商业战略的革命

- 前瞻性企业
- 蓝海战略
- 战略历程

理论实践相结合的经营战略

- 经营在于“执行”
- 德鲁克

以互联网技术为基础的短期未来战略

- 杰夫·贝索斯
- 区块链革命

组织架构革新、创业精神的本质与战略

- 组织重构
- 从无到有

由于IT技术的诞生，“强者”易位成为常态。

拿破仑上台的原因在于，除了醉心于炮兵战术之外，并通过改善大炮的生产工艺，提高了火炮的便携性，甚至可以在山顶构筑发射阵地。正是由于技术进步，过去无法实现的事情成为可能，也成为新战略诞生的基础。

本书的阅读重点及用途

根据时代与内容进行划分，介绍了战略家与战略著作、战略理论共计 38 个条目，因此本书不以“人物”或“著作”为主线，而是以读者耳熟能详的关键词条方式展开内容，敬请摘选中意条目阅读。

在“本节战略要点”中将该项战略归总为 3 项要点，主要内容包括阐述战略的文字、据传是战略家所述的名言等，并在后页分成 3 个子要点进行详细解说。

本书介绍的战略著作均列入结尾的“参考及引用文献一览”中，如读者想了解更详细的内容，或者对此感兴趣的话，欢迎挑战更高深的知识。

Strategy

第 1 章

古代·中世纪·近代的战争战略

"凡战者,必有战略。"

自古以来,无论个人还是国家,为争夺有利地位

必须制定周密的"战略",

让我们来一次从古到今久经

实践考验的"智慧"巡礼吧!

Strategy 1

至柔者，胜机无限

孙子兵法

百战百胜，
非善之善者也。

理论简介

《孙子兵法》的作者孙武是中国古代战争艺术集大成者，吴国宰相伍子胥任用孙武之后，要求孙武拿出击败宿敌楚国的战略。由此，催生了孙武“逐步削弱敌方优势，攻敌不备”等战略思想。

思想开创者

据说，在公元前 500 年前后，任周朝吴国将军的孙武是兵书《孙子兵法》的作者。吴军在孙武高超的指挥之下，击败了强大的宿敌——楚国，取得了令人咂舌的战果。

内容

《孙子兵法》共收录 13 篇战略论著，内容简洁古朴，蕴藏着深刻的思想成果。21 世纪，研究《孙子兵法》的军事组织依然层出不穷。

我们都是他的拥趸

拿破仑·波拿巴　　微软创始人 比尔·盖茨　　软银创始人 孙正义

问题

己方未必能永远强于敌方，
或许往往处于劣势……

答案

切莫迷信“兵力雄厚”或“规模庞大”等片面优势，
一个关键点的失手都会导致转胜为败的结果。

本节战略要点

①避敌锋芒

“故形人而我无形，则我专而敌分，敌所备者多，则吾所与战者寡矣。”

②不战而胜人之兵尚也

“是故百战百胜，非善之善者也；不战而屈人之兵，善之善者也。”

③取胜之道不仅仅是武力

“故善用兵者，屈人之兵而非战也，拔人之城而非攻也，毁人之国而非久也，必以全争于天下。”

本节战略要点1
POINT1

避敌锋芒

避开敌方优势领域或强项，
出敌不意，攻其不备之处进行决战。

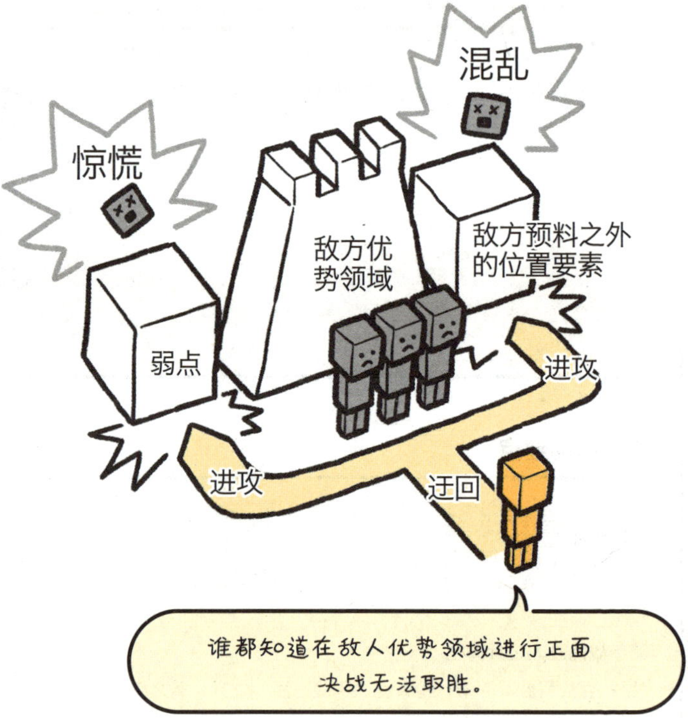
混乱
惊慌
敌方优势领域
敌方预料之外的位置要素
弱点
进攻
进攻
迂回
谁都知道在敌人优势领域进行正面决战无法取胜。

实战

无论在哪个领域都会遇到竞争对手，只有避开敌人的优势领域，从其意想不到的位置发起攻击，才会更有胜算。

不战而胜人之兵尚也

正面决战也会导致己方遭受损失，应当选择不战而胜的方法。

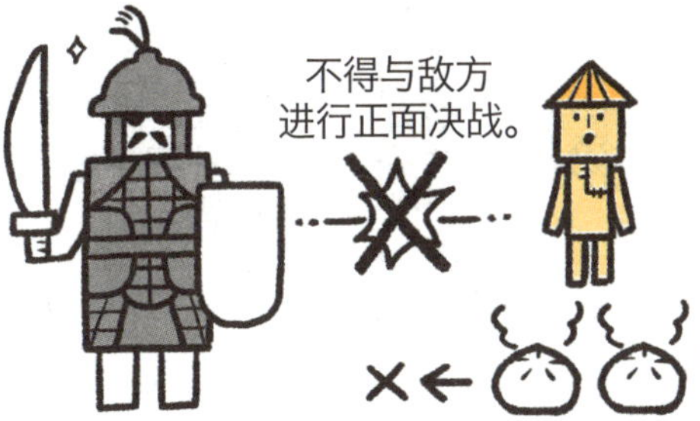
敌方武力强大
己方武力孱弱
不得与敌方进行正面决战。
断绝敌方补给。

我输了！
我赢啦！
没有补给敌人不战自溃。

如果能避免冲突。就能避免己方损失，这才是最高明的取胜之道。

实战

与其和敌人进行正面决战，不如破坏敌人攻击己方的必要基本条件。正如黑白棋必须争夺4个角一样，战争也必须争夺制高点。

本节战略要点3
POINT3

取胜之道不仅仅是武力

战争的目的在于“胜利”而非“好战”。
充分发挥“外交”及“政治”方面的影响力。

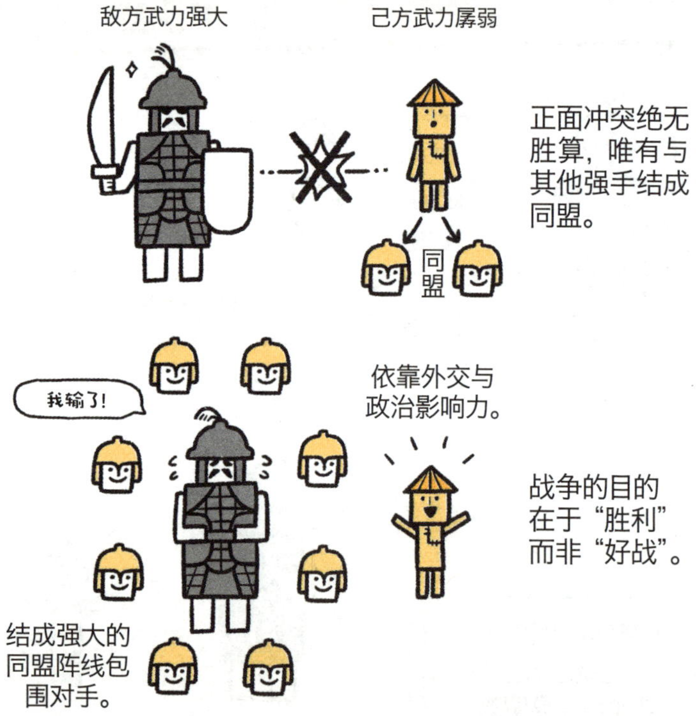
敌方武力强大
己方武力孱弱
正面冲突绝无胜算，唯有与其他强手结成同盟。
同盟
我输了！
依靠外交与政治影响力。
战争的目的在于“胜利”而非“好战”。
结成强大的同盟阵线包围对手。

战斗力处于劣势时必须寻求外援。

实战

世上并无规矩限定必须一对一进行较量，既然这样，利用同盟国或集团的力量击败对手又何妨？

“避敌锋芒，决战决胜”的实际案例

通过立餐方式，标榜一流厨师和高级食材的法国大餐也实现了廉价战略。

通常的法餐饭店

营造出悠闲的用餐氛围，
然而食材资金周转率仅为 30%。

俺家的法餐店

通过立餐方式提高了食材资金周转率，
昂贵的食材也能登上饭桌（资金周转率为 60%）。

※目前也推出了自由坐席分店。

实战

后发企业如果用完全相同的手段参与竞争，胜负结局已然注定。以上实例表明，利用“成本竞争优势”挑战既有企业才是首选之策。

专栏

大众偶像——孙武小哥哥

《孙子兵法》的作者孙武是个身披历史重重迷雾的人……
大家好，我是迷雾中的孙武。
唯一明白的是《孙子兵法》成书于公元前5世纪前后。
当当当
孙子兵法
居然有两个孙子？！还有这种传闻！！
孙武
(公元前5世纪)
我才是孙子！
孙膑
(公元前4世纪)
我是孙子！
《孙子兵法》的拥趸无数，包括《三国志》里的曹操！
孙子
太帅气啦……♥
作为超级拥趸，据说曹操还向部将分发过《孙子兵法》。
好好学习，天天向上。
还有你！
遵命……

Strategy 2

攻其不备，乱其军心
立于不败之地

汉尼拔·巴卡

无路之时
开路前行！

思想开创者

被誉为“战略之父”的汉尼拔·巴卡诞生于公元前247年，时任地中海霸主迦太基的将军，巴卡的意思是“雷光”。

内容

在迦太基与罗马之间爆发的“第二次布匿战争”期间，汉尼拔率领约9万士兵（迦太基军）抵达意大利时仅余半数。而面对罗马30余万人的大军，汉尼拔首战告胜，并取得了一连串的战绩，令罗马统治者张皇失措。汉尼拔善于利用奇袭战术攻敌不备，目的在于以军事胜利瓦解罗马军事同盟。

理论简介

随着罗马与迦太基同时在意大利半岛实施对外扩张政策，二者间的争霸战进入白热化。作为军人，汉尼拔的父亲亲历了迦太基因战败失去了制海权的时代。为收复失地消灭罗马，汉尼拔从今天的西班牙经由陆路入侵罗马，并与优势的罗马大军进行决战。

问题

面对处于绝对优势的敌军，
需要实现以弱胜强……

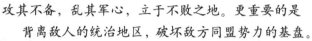

答案

攻其不备，乱其军心，立于不败之地。更重要的是背离敌人的统治地区，破坏敌方同盟势力的基盘。

本节战略要点

①“敌人的敌人就是友军”是颠扑不破的真理

向其他势力灌输“罗马是我们的敌人”，通过将罗马塑造成公敌，汉尼拔成功拉拢了包括迦太基在内的多个部族、国家。

②“攻其不备”，逆转战局

从罗马军队意想不到的地区（意大利北部）率领 5 万大军和 37 头战象进攻罗马，使敌军陷入混乱，罗马军未做好准备便仓皇投入战斗，最终汉尼拔赢得了奇迹般的胜利。

③不得不依靠他方的因素越多，计划失败的可能性也越大

汉尼拔“期待”通过一连串的奇袭打击罗马的战争意志，并使罗马占领地区的势力起兵倒向迦太基。然而，这是汉尼拔无法控制的因素，相当于将获胜的希望寄托在自己掌控之外的事物上。

“敌人的敌人就是友军”是颠扑不破的真理

向其他民族或遭受征服的国家灌输“罗马是我们的敌人”的思想，激发同仇敌忾的效果，使战争走向向己方倾斜。

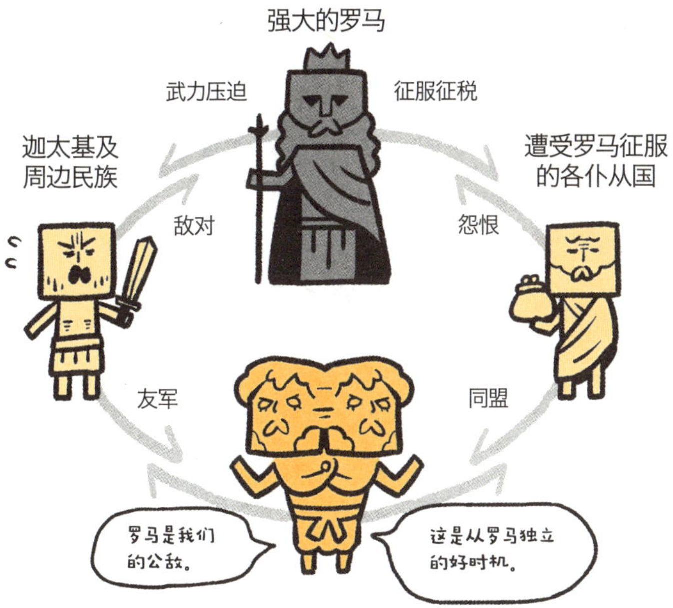
强大的罗马
武力压迫
征服征税
迦太基及周边民族
遭受罗马征服的各仆从国
敌对
怨恨
友军
同盟
罗马是我们的公敌。
这是从罗马独立的好时机。

利用“敌人的敌人就是朋友”这种关系，增强我军的战斗力。

实战

敌人的敌人就是朋友，这是自古以来颠扑不破的真理。汉尼拔利用这个真理，与强大的罗马帝国斗智斗勇。

本节战略要点2
POINT2

“攻其不备”，逆转战局

通过攻击敌人意想不到的地方，使敌军陷入混乱局面。

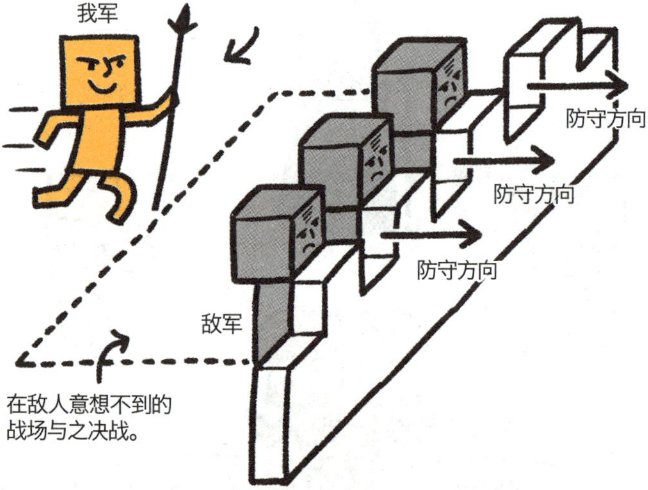

在意想不到的地方发起进攻，使敌人陷入混乱。
我军
防守方向
防守方向
防守方向
敌军
在敌人意想不到的战场与之决战。

设法使敌人张皇失措，实现己方逆转战局的目的。

实战

携战象翻越阿尔卑斯山，令罗马大军陷入张皇失措的境地。从敌人预料之外的地方发起攻击可以增大己方的胜算。

不得不依靠他方的因素越多，计划失败的可能性也越大

越是寄希望于超出自身掌控之外的事物，计划失败的可能性越高。

败因 1　寄希望于他方的状况与意志

汉尼拔
被罗马
征服的诸国
希望它们解除与
罗马的同盟，
倒向己方。
……
期待罗马
丧失斗志。
……
罗马

汉尼拔无法控制各国倒向自己。

只要粮食、武器、资金充足，是战是降取决于罗马自身。

败因 2　身处缺乏战争持续能力的境地

没有武器、火油、粮食!
认输!
白旗
迦太基作为一个岛国，火油、
粮食、武器、原料均依赖进口，
一旦海路遭到封锁，
就会被迫退出战争。

必须依照己方可制约的条件制订计划，而不是寄希望于不可控因素。

实战

汉尼拔最大的败因在于，制订作战计划时寄希望于不可控因素。正如寄希望于客户一定会购买自己的产品，而制订工作计划一样。

Strategy 3

彻底把握“时机”的命脉，
凭借以知识为基础的实干取胜

尤利乌斯·恺撒

彻底把握“时机”的命脉。

理论简介

恺撒诞生于罗马共和制走入死胡同的时代，对内要在虎视眈眈的敌政之中杀出一条血路，对外有迦太基人等周边部族对罗马磨刀霍霍，当时的大环境真可以称得上是内忧外患。

思想开创者

尤利乌斯·恺撒诞生于公元前100年，是罗马共和制时代的政治家、军事家，在与迦太基的战争中脱颖而出成为全罗马的英雄，干涉埃及内政将克利奥帕特拉扶植上女王的宝座。打倒政敌庞培后担任罗马独裁者，于公元前44年被布鲁图斯暗杀。

内容

恺撒的生涯可以分为3个阶段，包括“青年执政官时代”“作为三巨头之一在政坛上大展身手，率兵攻打迦太基人时代”，以及最后“借助内战平定罗马全境，消灭一切敌对势力，担任终身独裁官时代”。

我是他的拥趸

拿破仑·波拿巴

问题

突破政治困境、取得不败战绩的人，
应该具备哪些品质？

答案

除了需要高度的知识水准与思考能力，以及打动人心获得支持的能力之外，更重要的是具备超人的实干精神去捕捉胜机。

本节战略要点

①具备发现更多的机遇并加以利用能力的人才是最终的胜利者

“战斗并非成功之道，善于把握机遇才会成功。”

②“实干”的重要性永远高于“知识”

“恺撒不仅是一个接受过高等教育的人，同时也是一个实干家，所以才会永远留在人们的记忆里。”

③单一知识再精通也无法取得胜利

同一时代的苏拉（军事家）、西塞罗（演说家）、庞培（政治家）等人才辈出，而像恺撒一样在多个领域均有建树的人却极为罕见。重大问题或机遇往往横跨多个领域，所以恺撒才能步步领先于单一领域的专家。

本节战略要点1
POINT1

具备发现更多的机遇并加以利用能力的人才是最终的胜利者

把握机遇的能力比战斗力更重要。

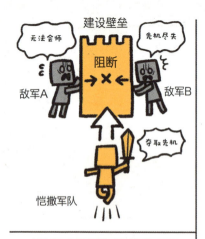

建设壁垒
无法会师
先机尽失
阻断
敌军A
敌军B
夺取先机
恺撒军队

“迦太基战争中的精彩决战”
10万迦太基部队对阵5万罗马士兵，因为无法突破壁垒而失败。

很想救你可办不到啊!
罗马士兵抢先在包围圈外构筑了壁垒。
救命
主将困守阿莱西亚城内。
壁垒无懈可击，无法救出主将。
迦太基人
迦太基人

利用战机的经验教训

- 以最快速度赶赴战场占据有利地形。
- 夺取战场上的必要物资控制权。
- 在必经之路上预先建筑壁垒。

实战 把握机遇，就会成为战争的转机；预见结局，应当立即占领制胜点。

“实干”的重要性永远高于“知识”

恺撒不仅拥有一个睿智的头脑，而且他的实干能力远超智力。

普通人	恺撒
想得越多做得越少	拥有睿智头脑的同时还有更强大的实干精神

压制
知识
思考能力
实干
想得越多、信息与知识越多，
越难以落实到行动上。

立即行动！
实干
知识
思考能力
提升

实战

大多数人的知识与信息越丰富，思考能力越强，反而成了实干的绊脚石。恺撒不仅拥有知识与思考能力，在实干上更胜一筹，确实是一位罕见的实干家。

本节战略要点3
POINT3

单一知识再精通也无法取得胜利

恺撒加强了自身的跨领域综合能力。

力压群雄

恺撒

军事家、演说家、政治家

在3大领域中的综合能力极强。
以决断力和实干击败敌人和政敌。

苏拉	西塞罗	庞培
军事家	演说家	政治家

各领域的专家，
在其他领域的能力
并不突出。

实战

专家往往在单一领域做得很专精，对跨领域问题缺乏应对能力。恺撒不断提高自身的跨领域综合能力，反而力压单一领域的专家们。

专栏

天才恺撒的帅气烦恼

堪称罗马化身的英雄——恺撒
甚至被誉为『罗马的智囊』，是个聪明『绝顶』的人。
当然，恺撒的
烦恼
也是有的……
人声鼎沸
秃头英雄回来啦！
都把老婆藏好啊！
※ 恺撒是著名的渣男。
因为秃头遭到同伴们的嘲笑！
作为罗马的智囊，恺撒想出了一个对策……
戴帽子脑袋捂得慌……
那就这样……
催生了『大家一起秃战略』。
掩盖脱发的秘密武器
小平头！！
够帅气！
这就是今天男士发型的鼻祖。

Strategy 4

从经验中全方位学习，可怕的柔性思维

成吉思汗

超越血亲、部族的藩篱——“钢铁纽带”是取胜的关键。

理论背景

身处的部落在与其他游牧部族的冲突中背叛了成吉思汗，使得他从孩提时代到青年时代一直生活在屈辱之中。因此，他以钢铁般的纪律组建了军团，在一系列战争中将游牧民族的强大力量发挥到了极致。

思想开创者

成吉思汗诞生于1162年，作为小部落首领的儿子，从小受尽苦难。最终统一了游牧民族的蒙古各部，建立了横跨中亚、东欧，国土面积将近古罗马帝国两倍的伟大帝国。

内容

成吉思汗一生的战争可以分为3个阶段：①征服草原各部，登上大汗（统治者）的宝座，统一蒙古帝国。②多次击破中原大陆的金朝。③对中东及东欧地区发动西征，征服了广袤的领土。

问题

如何统一部族割据纷争地区，
建立一个强大帝国？

答案

超越部族的藩篱，构建起“钢铁般的纪律”，吸收周边地区的知识、技术，接纳优秀人才，拥有建立伟大帝国的柔性思维。

本节战略要点

①用超越血缘关系的“钢铁纽带”增加支持者

“无论下雨还是下刀子，言出必行。”

②吸收敌人的一切长处，将其变为自己的“战斗力”

包括“制定蒙古文字，学习中原人的攻城技术，有效利用西域地区的情报网。蒙古的繁荣并非仅仅依靠强大的军事力量，同时也是有效利用科学技术的成果”。

③使敌人陷入极度恐慌之中，未开战便已定胜负

“布哈拉的街道不仅挤满了逃难的人，整个城市也陷入了深深的恐惧之中。蒙古大军深入腹地发起进攻，顿时将花剌子模全国打入了混乱与恐惧的深渊之中。”

本节战略要点1 POINT1

用超越血缘关系的"钢铁纽带"增加支持者

对于游牧民族来说，背叛属性是与生俱来的。
成吉思汗利用"钢铁纽带"改造民族。

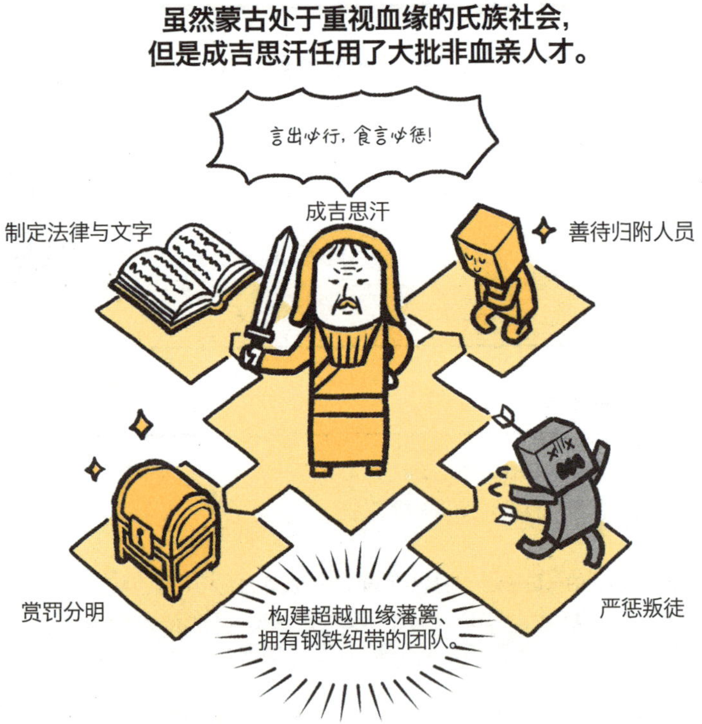

虽然蒙古处于重视血缘的氏族社会，
但是成吉思汗任用了大批非血亲人才。
言出必行，食言必惩！
成吉思汗
制定法律与文字
善待归附人员
赏罚分明
严惩叛徒
构建超越血缘藩篱、
拥有钢铁纽带的团队。

实战

成吉思汗在一个背信行为被看成理所当然的社会里组建起一支超越血缘关系的钢铁军团，组建优秀团队的能力本身也是一个强大的武器。

吸收敌人的一切长处，将其变为自己的“战斗力”

超越他人的学习能力打造出游牧民族的伟大帝国。

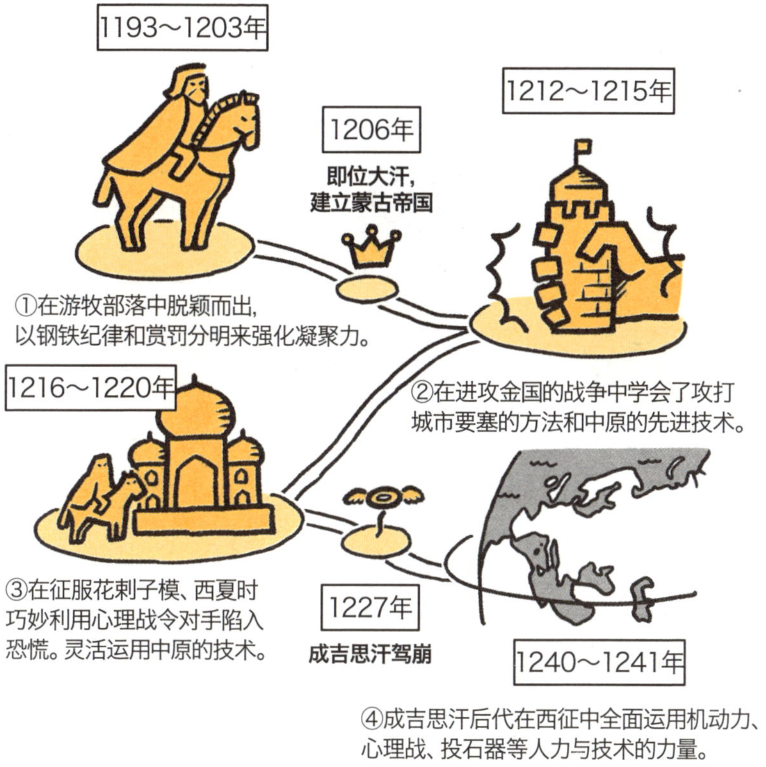
1193～1203年
1206年
即位大汗，
建立蒙古帝国
1212～1215年
①在游牧部落中脱颖而出，
以钢铁纪律和赏罚分明来强化凝聚力。
1216～1220年
②在进攻金国的战争中学会了攻打
城市要塞的方法和中原的先进技术。
③在征服花剌子模、西夏时
巧妙利用心理战令对手陷入
恐慌。灵活运用中原的技术。
1227年
成吉思汗驾崩
1240～1241年
④成吉思汗后代在西征中全面运用机动力、
心理战、投石器等人力与技术的力量。

在战争中向对手学习，极致的谦虚是不朽战果之母。成吉思汗拥有以任何人为师的心态。

实战

本节战略要点3
POINT 3

使敌人陷入极度恐慌之中，未开战便已定胜负

无所不用其极的心理战在未开战时就已经令敌人丧失战斗意志。

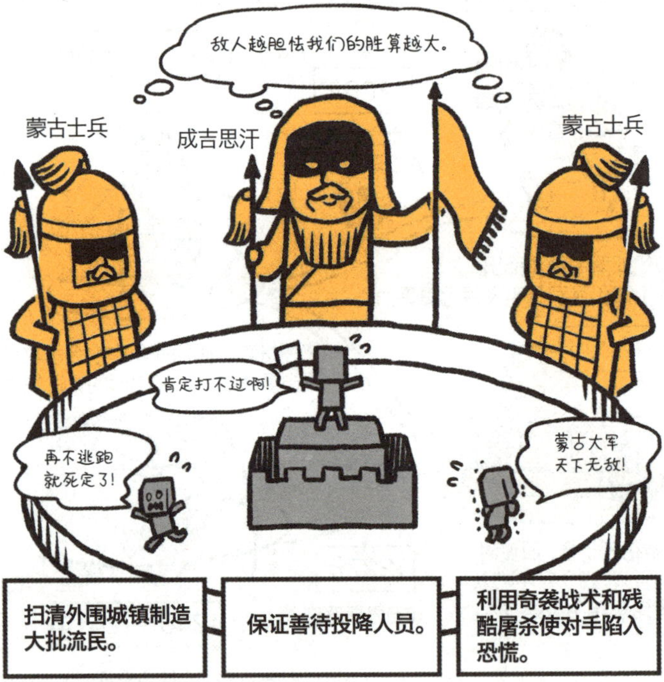
敌人越胆怯我们的胜算越大。
蒙古士兵
成吉思汗
蒙古士兵
肯定打不过啊!
再不逃跑
就死定了!
蒙古大军
天下无敌!
扫清外围城镇制造大批流民。
保证善待投降人员。
利用奇袭战术和残酷屠杀使对手陷入恐慌。

实战

蒙古大军喜欢在战斗前先发起心理战，这些策略具有令敌人未开战便因为恐惧而投降的效果。

专栏

一对好酒友——小汗和小德

天国
干杯！
小汗，听说你打下了全球四分之一的土地哦？
德川家康 江户幕府的创始人
成吉思汗 蒙古帝国的开国皇帝
小德你也不错啊，一手开创了一个和平的日本，对吧？
虽然身处不同的时空和国度，但两人却拥有一个共同点，那就是……
家康（竹千代）
当人质
被卖身
被父亲抛弃
去送死也行啊
啊!!
都是苦孩子出身……
成吉思汗
父亲被暗杀
被父亲的部下抛弃，穷困潦倒
遭人暗算
被异母兄弟暗算
小时候遭了不少罪啊……
好歹有个善终啊！
对啊，好歹我们都成功了！
两个人一直聊到了深夜。
再来一杯！
干！

Strategy

5

提出“正确的目标”，才能领率众人

尼可罗·马基亚维利

不招人恨的领袖才会令人畏惧。

思想开创者

政治思想家尼可罗·马基亚维利于1469年诞生，曾任意大利佛罗伦萨共和国第二书记，作为外交官活跃在政治舞台上。

理论背景

故国佛罗伦萨被外国占领之后，马基亚维利遭到放逐并下野，其后开始执笔撰写《君主论》。书中强调，小国君主必须以冷酷强化内部的凝聚力，假如一国之主缺乏智慧与领导能力，国体的灭亡无法避免。

内容

他的著作《君主论》共分26章，分析了从上古至中世纪的君王们的行为与思想招致了怎样的结果，揭示了手握重权的君王该如何做出正确的抉择。即使在今天，这本书依旧拥有不少以政治家为主的拥趸。

我们都是他的拥趸

S. T. Corporation公司董事长、执行董事长
铃木乔

微软前日本法人总经理
成毛真

英国央行前行长
默文·金

问题

不同思路、性格的人组成了集团，
为了维持领袖的地位，如何能将所有人的
目标归总、团结成一个呢？

答案

为了维护集团的稳定性、对成员进行管理，就必须高举一个任何人都无法反驳的旗帜。不可执着于自己的方法或思路，要做到随机应变！

本节战略要点

①制定正确的目标会带来统帅魅力

“想知道摩西有多大能力，要看以色列人在埃及当奴隶的时候有多悲惨。想知道居鲁士的心有多伟大，就要看米底亚人对波斯的奴役有多深切。”

②能够改变处事方式的人才能够千秋万代

“两个滴水不漏的聪明人，一个取得了成功，另一个却遭到了失败，究其原因，这是他们各自的方向是否符合那个时代的性格所导致的结果罢了。”

③不预设目标的人其领导能力为零

领袖的领导能力来自目标的设定，一个能令大家团结的、有价值的目标便是领袖力量的源泉。

本节战略要点1
POINT1

制定正确的目标会带来统帅魅力

提出正确的目标是统帅能力的基础。

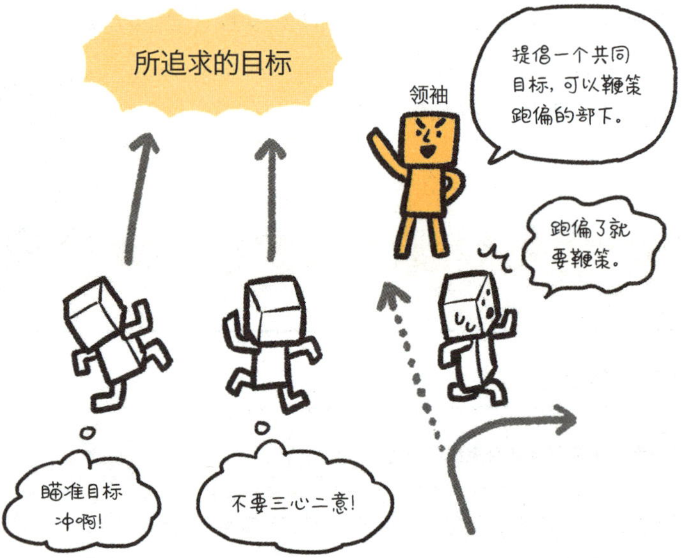
所追求的目标
领袖
提倡一个共同目标，可以鞭策跑偏的部下。
跑偏了就要鞭策。
瞄准目标冲啊!
不要三心二意!

只要目标是正确的，就不必担心部下会跑偏。

实战

想要部下按计划行动，首先必须设定一个目标。如果自己都没有一个明确的目标，就没有资格去指责别人的失误。

能够改变处事方式的人才能够千秋万代

根据现状随时调整“最优抉择”，
唯有能随机应变的人才是智者。

北风呼啸的日子	艳阳高照的日子

北风呼啸的日子	艳阳高照的日子
这种情况下……	这种情况下……
⇩	⇩
穿上大衣保暖才是正确抉择。	脱掉大衣散热才是正确抉择。

成功与失败的衡量标准在于是否能顺应时代与环境，
并无亘古不变的办法或思路。
预测环境与时代的变迁做出应对才是重中之重。

实战

你的抉择正确与否取决于环境，环境发生变化时，有勇气改变既有的处事方法的人才是胜利者。

本节战略要点3 POINT3

不预设目标的人其领导能力为零

重建日本航空(JAL)的稻盛和夫先生，在未厘清公司理念之前决不会斥责部下。

稻盛和夫先生的领导能力
源自于理念与行为准则
理念
为全体职员的物质、精神两方面谋求幸福感。
行为准则
阿米巴经营模式，实施各部门独立结算。

当领导者制定出“目标”“理念”“行为准则”时，领导能力就会应运而生。反之，没有既定目标也就没有领导能力。

实战

领导者提倡的目标对团队来说必须是正能量，目标必须是“无法否定的内容”，在凝聚绝大多数人之后，领袖的领导力就树立起来了。

以战略为先，
必能以弱胜强。

Strategy

第2章

竞争战略

角逐的本质就是与对手的较量，

也就是所谓的“竞争”。

为了从竞争中胜出，便有了战略的发展。

让我们一同探讨“在竞争中取胜的战略”吧。

Strategy

6

"进攻"与"防御"两大战略是永恒的主题

迈克尔·E.波特

战略目标是拥有独特性和高价值定位的产物。

理论背景

为了解析不同立场的人以"竞争"方式向市场提供价值（以有效的方式满足客户需求）的原理，波特撰写了《竞争战略论》。

思想开创者

迈克尔·E.波特于1947年诞生于美国，父亲是职业军人，后考取哈佛大学研究生，获得经营学硕士、博士学位。1982年成为哈佛大学有史以来最年轻的教授，是全球竞争战略学说的权威。

内容

2018年出版的《竞争战略论Ⅰ》(新版)、《竞争战略论Ⅱ》(新版)各为3卷、2卷成集，内容包括：《竞争与战略》《战略·慈善家·企业的社会责任》《战略与领导能力》《布局中的战略优势》《以竞争手段解决社会问题》等。

Strategy

6

迈克尔·E.波特

问题

要想赢得竞争，企业应聚焦于何处？
世界的竞争体系的本质究竟是什么？

答案

竞争战略的基本模式是“守成”与“新参与”两种。守成企业应当提高准入壁垒的门槛。相反，处于攻势时则应当“打破准入壁垒”或“令准入壁垒无效”。

本节战略要点

①所谓竞争战略就是围绕“5个准入壁垒的攻防战”

5大竞争因素包括：“新参与者的威胁”“买方交涉力”“既有企业间的竞争”“替代品或替代服务的威胁”“供应商交涉力”

②改善工作效率与战略行动不可混为一谈

“工作效率指的是以更娴熟的方式完成与竞争对手类似的工作。与此不同的是，战略定位则是与竞争对手做不同的工作，或者以不同的方法完成相同的工作。”

③从“商品”“客户需求”“对接”3个方面聚焦战略

其中包括3种战略定位：1. 选择导向定位指的是，“在行业内的产品或服务中选择部分特色项目推向市场”。2. 需求导向定位指的是，“选择特定的客户群，满足其绝大部分或全部需求”。3. 对接导向定位指的是，“以不同对接方法区分客户群”。

本节战略要点1
POINT1

所谓竞争战略就是围绕“5个准入壁垒的攻防战”

打破对手的准入壁垒，
或者是强化己方的壁垒。

竞争战略的本质

守成
强化己方的准入壁垒。
进攻
打破对方的准入壁垒，或使之无效。

“5个准入壁垒的攻防战”

- 新参与者的威胁
- 买方交涉力
- 既有企业间的竞争
- 替代品或替代品服务的威胁
- 供应商交涉力

实战

商业竞争围绕着准入壁垒展开，或者是破坏对手的准入壁垒，侵入对手的领域；或者是打乱对手的进攻意图，实现己方防御。

改善工作效率与战略行动不可混为一谈

改善工作效率与战略行动的相异之处。

工作效率 以更纯熟的方式完成与竞争对手类似的工作。

竞争对手
更轻便的滑轮。
熟练的劳动者。
改善水桶形状。

取水 **提升工作效率** → 基本相同的工作

战略行动

①完成与竞争对手不同的工作。

不从水井取水，
而是用塑料瓶装水销售。

②用不同的方法完成与竞争对手相似的工作。

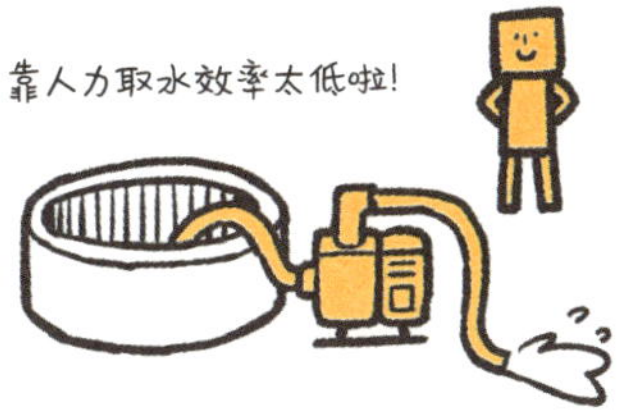
靠人力取水效率太低啦！

实战

战略定位的本质是，选择与竞争对手不同的经营方式，其突破口可以是开发与竞争对手不同的产品、服务，考虑客户需求，合理布局，等等。

本节战略要点3
POINT 3

从“商品”“客户需求”“对接”3个方面聚焦战略

3种战略定位

①选择导向定位

聚焦特定的服务或产品

（例）吉菲润滑油国际公司
专做汽车机油更换业务。

其余服务或产品
甩给其他公司。

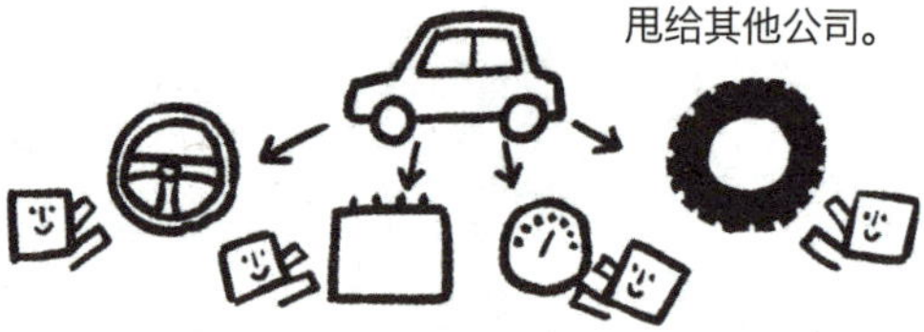

②需求导向定位

聚焦特定的客户满足其需求

A客户层
B客户层
C客户层

（例）IKEA宜家家居
以低价格魅力瞄准
愿意自己动手组装家具的客户。

③对接导向定位

寻求符合物理环境的高价值服务和产品

价值
都市
价值
车站周边
价值
郊区

（例）卡麦克影院
特点：在少于20万人口的城镇，
开设可由1个人完成运作的电影院。

实战

聚焦于特定的客户需求或项目，既能避免与其他公司竞争，又能维持本公司商业优势。

专栏

波特与巴尼的世纪之战

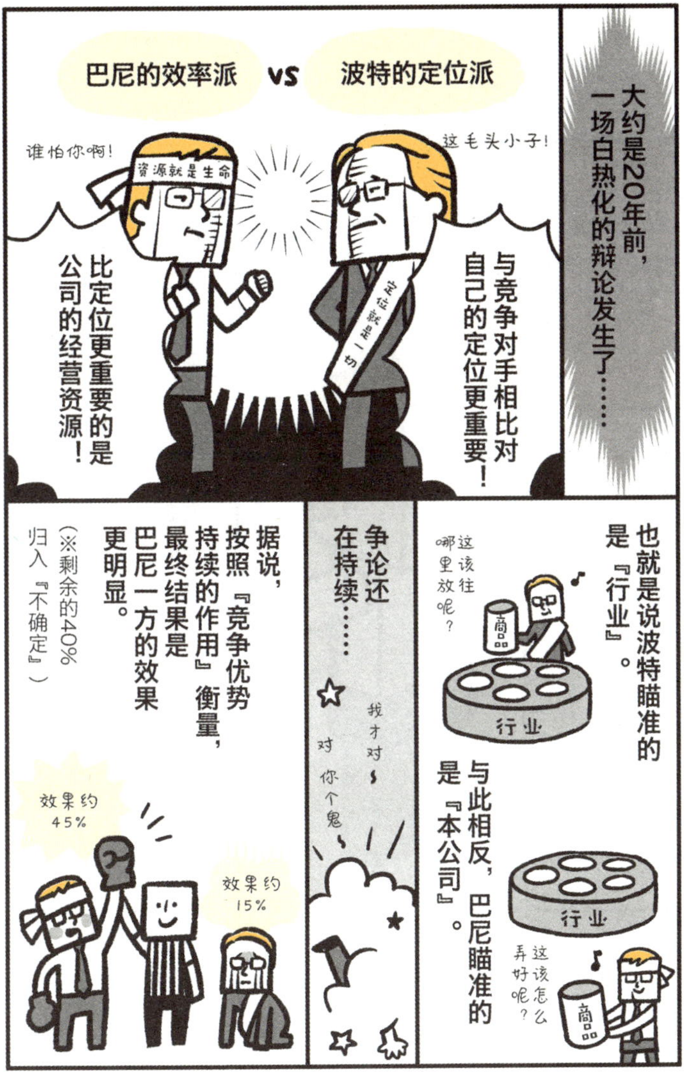
大约是20年前，一场白热化的辩论发生了……
巴尼的效率派
vs
波特的定位派
这毛头小子！
与竞争对手相比对自己的定位更重要！
定位就是一切
谁怕你啊！
资源就是生命
比定位更重要的是公司的经营资源！
也就是说波特瞄准的是『行业』。
这该往哪里放呢？
商品
行业
与此相反，巴尼瞄准的是『本公司』。
行业
这该怎么弄好呢？
商品
争论还在持续……
我才对～
对你个鬼～
据说，按照『竞争优势持续的作用』衡量，最终结果是巴尼一方的效果更明显。
（※剩余的40%归入『不确定』）
效果约45%
效果约15%

Strategy 7

企业自身的资源决定优秀战略

杰恩·B.巴尼

企业应当基于自身的资源选择战略！

理论背景

《企业战略论》是以“企业战略领域的研究、归纳、综合”作为主要研究对象。它基于“机遇”与“威胁”等观点，得出企业应根据外部环境的选项（可选择的战略）做出不同抉择的结论。这是巴尼理论的中心思想。

思想开创者

1954年杰恩·B.巴尼诞生于美国。他曾荣获耶鲁大学博士学位，并在犹他大学执教。巴尼提倡企业有效利用自己独特的资源赢得竞争，提倡“企业战略应以经营资源为基础”等理论，其代表作为《企业战略论》。

内容

《企业战略论》共分3卷，基础篇（上卷）包括《什么是战略》《企业的优势与劣势》等；事业战略篇（中卷）包括《垂直管理》《柔性思考》等；公司战略篇（下卷）包括《战略合作》《多元化战略》等内容。

Strategy 7

杰恩·B.巴尼

问题

可选择的战略不止一个，
公司以什么标准选择未来战略？

答案

企业应将现有的资源实现效益最大化，以竞争对手无法模仿的要素作为战略抉择的基础。

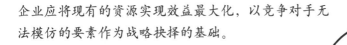

本节战略要点

①拥有竞争对手无法模仿的商业模式

“拥有竞争对手无法知晓或无法彻底模仿的商业模式才能立于不败之地。”

②企业应以固有的经营资源制定竞争战略

被称为“企业资源观（resource-based view of firm，立足于经营资源的企业观）的主要理论是，每个企业各具特色，企业应当聚焦于竞争对手必须付出极高的代价才能模仿的那些经营资源，通过将这些资源的效益最大化来确保自身在竞争中的优势”。

③通过“价值链”分析找出自身的优势

“企业界保持自身竞争优势的经营资源或能力的方法之一是价值链分析，这些垂直架构的事业运营整体就是某种产品的价值链。”

本节战略要点1
POINT1

拥有竞争对手无法模仿的商业模式

目的在于获得竞争优势。
获得竞争优势有两个方法。

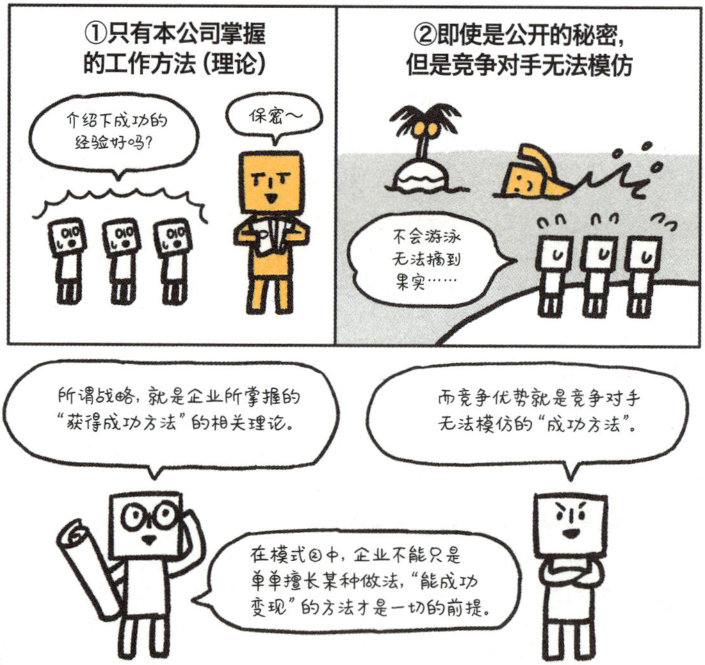

①只有本公司掌握的工作方法（理论）
介绍下成功的经验好吗？
保密～
②即使是公开的秘密，但是竞争对手无法模仿
不会游泳无法摘到果实……
所谓战略，就是企业所掌握的“获得成功方法”的相关理论。
而竞争优势就是竞争对手无法模仿的“成功方法”。
在模式②中，企业不能只是单单擅长某种做法，“能成功变现”的方法才是一切的前提。

实战 不仅要经营有方，更重要的是让竞争对手无可模仿。

Strategy 7

杰恩·B.巴尼

企业应以固有的经营资源制定竞争战略

企业应以企业资源观考虑如何将自身长处、效益最大化。

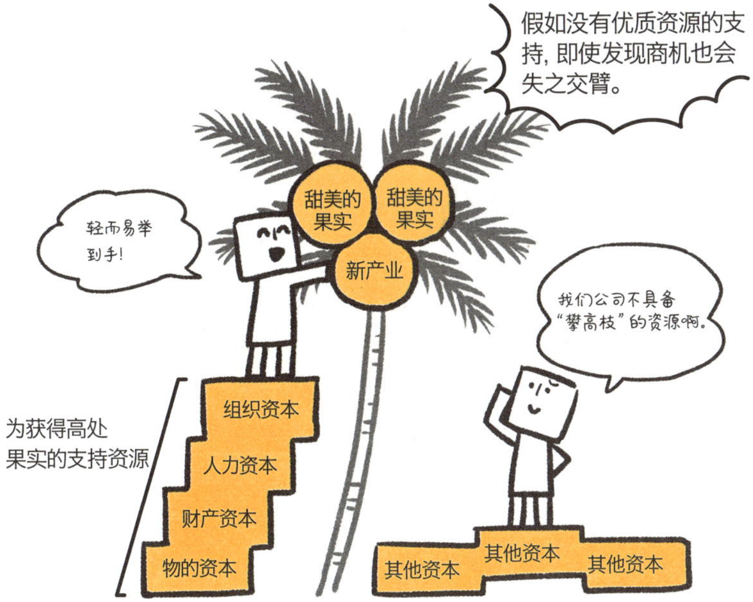
假如没有优质资源的支持，即使发现商机也会失之交臂。
轻而易举到手!
甜美的果实
甜美的果实
新产业
我们公司不具备"攀高枝"的资源啊。
为获得高处果实的支持资源
组织资本
人力资本
财产资本
物的资本
其他资本
其他资本
其他资本

每个企业各具特色，模仿其他公司的成本更高，应当聚焦于公司独有的经营资源。

将竞争对手无法模仿的经营资源实现效益最大化。

实战

本节战略要点3
POINT3

通过“价值链”分析找出自身的优势

自身的竞争优势由价值链决定。

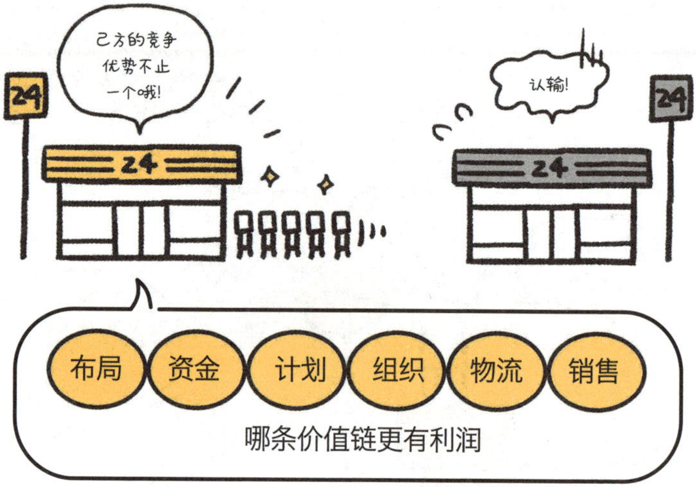
己方的竞争优势不止一个哦!
认输!
24
布局
资金
计划
组织
物流
销售
哪条价值链更有利润

便利店的优势在于布局选择及资金能力、店内销售等多个方向。
所以说“价值链分析”极为重要。

实战

不能只有单项选择，应该找出多个附加价值高的价值链，成为最终能赢得竞争的企业。

Strategy 8

与商品、市场相比更应注重组织体系

前瞻性企业

任何时代都能存活下去的企业!

思想开创者

1955 年吉姆·柯林斯诞生于美国，在斯坦福大学攻读数学并获得了 MBA 学位。前后任职于麦肯锡、惠普，于 1994 年合著出版了《前瞻性企业》一书。

内容

《前瞻性企业》一书以“超越时代考验的卓越企业”为主题，比较了众多卓越企业的特点，从“基本理念”“冒险目标”“宗教般的企业文化”“无尽的尝试试错”等几个方面，鲜明阐述了具有自我革新能力的企业形象。

理论背景

“真正卓越的企业和其他企业的不同之处在哪里？”以此问题为主题，对众多企业进行过全方位比较后归纳成书，揭示了能够跨越任何时代的企业所具有的共同特点。

问题

如何才能顺应时代不会迷失自我，
打造一个常青企业？

答案

让员工认识到企业是最完美的作品，定期制订赌上公司前途命运的大胆计划。

本节战略要点

①认识到“企业才是最完美的作品”

“将企业当作最完美的产品，这是一个极具创新的思路。创立或者经营企业的人士假如能接受这个思路，使用时间的方式就会发生极大的变化。应当削减花费在产品供应链及市场战略上的时间，将更多的时间用在组织结构规划上。”

②定期推出“宏伟目标”，激发企业组织活力

“作为促进前瞻性企业的强劲引擎，定期推出大胆激进的目标。这个目标取‘Big Hairy Audacious Goal’（赌上企业身家的目标）的词首字母命名为‘BHAG’。”

③让企业员工高度认同本企业的“独一无二”性

“最重要的是教育员工使其拥有公司价值理念，排除异己分子，让留下的人认为自己是千挑万选，肩负使命的精英。”

认识到“企业才是最完美的作品”

不必关注个别商品，
而是将公司当作最完美的作品看待。

前瞻性企业

聚焦于生产商品的企业本身，
而非优秀的商品。

企业
商品A
商品B
商品C

普通企业

将注意力聚焦于商品开发。

商品A
企业A
商品B
企业B

实战

与其将目标聚焦于个别商品，不如将“打造完美企业”作为长期目标，才能确保长期竞争优势。

本节战略要点2
POINT2

定期推出“宏伟目标”，激发企业组织活力

定期积极推出具有挑战性的计划并实施。

前瞻性企业

即使获得成功也要定期提出足够赌上公司身家的大手笔目标。

新的挑战机遇降临！
BHAG
具有挑战性的目标

普通企业

为一个小成功骄傲自满。

成功啦！
成果
没追求啦！

实战

主动提出具有挑战性的大手笔目标，不断超越既有的成果，才能让企业走上新的成长轨道。

让企业员工高度认同本企业的“独一无二”性

关键在于让员工把打造特色企业当作目标，相信自己身处“独一无二”的企业中。

前瞻性企业的本质

以“开创特色企业”为最优先目标，
当领导者能以此为方向，企业就能屹立不倒。

(例)初创期的索尼公司

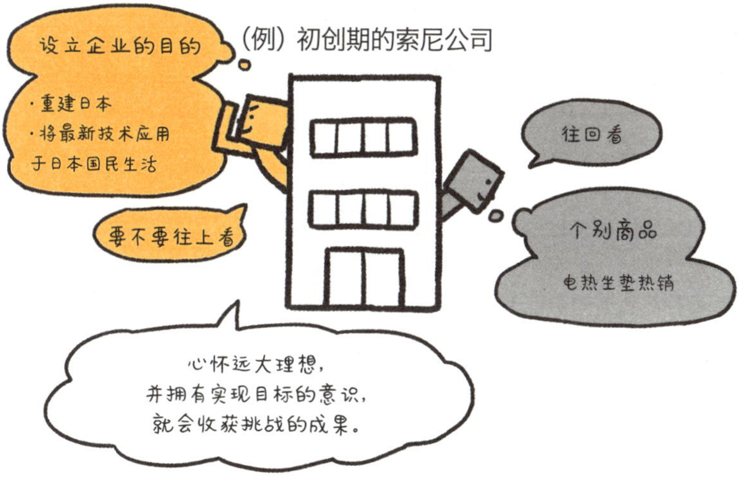
设立企业的目的
·重建日本
·将最新技术应用于日本国民生活
要不要往上看
往回看
个别商品
电热坐垫热销
心怀远大理想，
并拥有实现目标的意识，
就会收获挑战的成果。

实战

员工认同企业的独特性理念，孳孳汲汲追求理想，尤其是对企业的归属感，都会激发他们的创造性与干劲。

Strategy 9

陷入低谷的企业也可以找到重上正轨的战略

战略专家

将理论运用于实践，斩获成果！

理论背景

在商业领域中，随着时间轴的推移和竞争的发展，原本的优势也会转化为劣势。该书提出，企业如何应对这种转化周期是重中之重。标题“战略专家”指的是，不仅会分析问题，“唯有能实现自己提出的目标并取得成果，才能算是真正的战略专家”。

思想开创者

三枝匡先生，于 1944 年诞生于日本，波士顿咨询公司首位日本国内雇员，曾获得斯坦福大学 MBA 学位。历经数家公司后创业，于 2002 年开始担任米思米集团总裁，2018 年担任该公司总部高级董事长。

内容

其著作《战略专家》共 6 章，包括第一章《决意启航》、第二章《软着陆》、第三章《决断与行动之时》、第四章《腾飞妙计》、第五章《直取中军》、第六章《决胜》。此外，还有《战略笔记》等解说内容。

问题

既然有竞争，市场内的优势也会随时间推移而变成劣势……到底该以什么为主线进行竞争呢？

答案

从“市场定位”“生命周期”“竞争态势”3个方面分析，即可找到最有利的对策。

本节战略要点

①从“竞争态势”和“时间轴”寻找行动对策

“应该采用什么方法来进行竞争定位呢？本人为了寻获灵感，总是将两个图表镌刻在脑海中。”

②“价格决策”是走向胜利的重要课题

“即使成本只有1日元，对方有需求就卖到1万日元。就算成本1万日元，客户没有需求的话，1日元也卖不掉。”

③营业攻势靠“新选项”取胜

“在竞争对手尚未察觉时，能为客户创造出新选项的企业才是胜者。”“新选项是企业扮演‘领头羊角色’最有力的武器。因为，‘新类别’是吸收、集中企业内部资源的方向标，也是强化企业内部沟通机制的强大武器。”

本节战略要点1

POINT1

从“竞争态势”和“时间轴”寻找行动对策

有效的对策会改变“产品·生命周期”。

①产品推介时期市场增长效果大于竞争效果。

②随着市场规模扩展，参与企业随之增加。

③市场进入稳定成长期后，营业实力与成本优势将拉开差距。

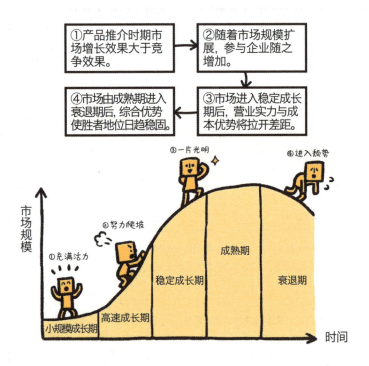

④市场由成熟期进入衰退期后，综合优势使胜者地位日趋稳固。

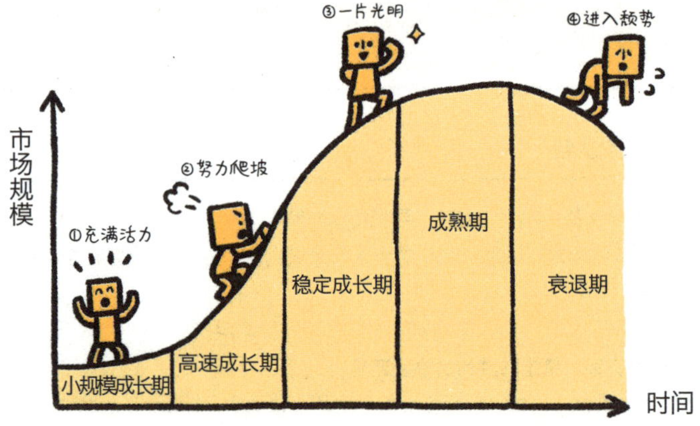
③一片光明
④进入颓势
②努力爬坡
①充满活力
市场规模
小规模成长期
高速成长期
稳定成长期
成熟期
衰退期
时间

实战

与其将目标聚焦个别商品，不如将“打造完美企业”作为长期目标，才能确保企业的长期竞争优势。

“价格决策”是走向胜利的重要课题

“价格决策”是解读客户心理的游戏。

即使成本1日元，客户有明确需求就卖到1万日元。
即使成本1万日元，无法让客户明白需求点，连1日元都卖不了。
成本1日元。
太需要啦，买！
看不出有什么用……
成本1万日元。
企业A
企业B
价格1万日元
价格1日元

能满足客户“需求”的产品，无论成本多低都能卖个好价钱！

实战

改变“贱物贱卖”思维，彻底探寻“客户需求”。

本节战略要点3
POINT3

营业攻势靠“新选项”取胜

将市场进行有效分类。

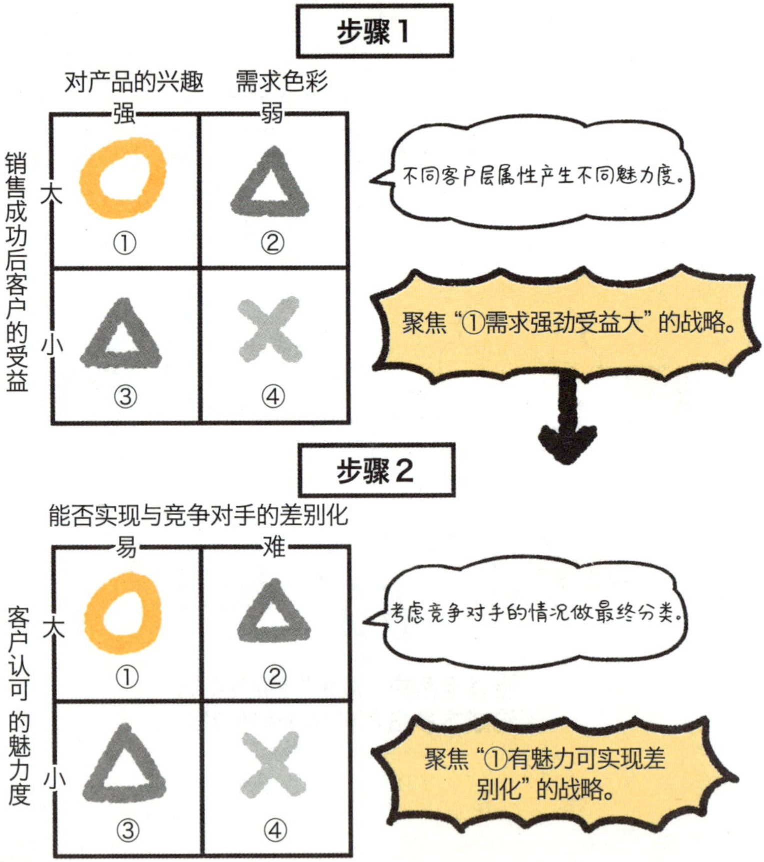
步骤1
对产品的兴趣
需求色彩
强
弱
销售成功后客户的受益
大
小
①
②
③
④
不同客户层属性产生不同魅力度。
聚焦“①需求强劲受益大”的战略。
步骤2
能否实现与竞争对手的差别化
易
难
客户认可的魅力度
大
小
①
②
③
④
考虑竞争对手的情况做最终分类。
聚焦“①有魅力可实现差别化”的战略。

实战 从“重要性”或“需求”等方面进行详细分类，“营业聚焦点”的答案也就呼之欲出了。

即便是个体，也需要拥有属于自己的资源。

Strategy

第3章

规避竞争的竞争战略

在与对手一争高下之际，
自己也会疲于竞争，
导致资产缩水、实力受损的情况在所难免。
本章介绍的是“避免直接冲突，在保存实力的同时夺取胜利的战略”。

Strategy 10

反向利用天量资源法则，弱者也有反败为胜之道

兰切斯特法则

率先瞄准实力逊色的弱者发起攻击！

理论背景

兰切斯特法则原本是军事战略之一，从法则创始人身处的近代英国，到抗日战争中的美军研究团队，都曾经利用过该法则。而日本国内直到 1962 年才由田冈信夫先生将其作为营销战略介绍给日本读者，如今其已经成为企业经营中受到广泛应用的理论之一。

思想开创者

弗雷德里克·兰切斯特诞生于 1868 年的英国，毕业于技术专科学校，凭借汽车生产销售创业。1914 年卖出企业之后，发表了集中资源的法则——“兰切斯特法则”，一跃成为著名人物。

内容

兰切斯特第 1 和第 2 法则是他的理论基础。第 1 法则指的是一对一的决斗——“单挑法则”，第 2 法则指的是集团对集团的战斗，也就是“集中效果的法则”。第 1 法则是弱者战略的理论基础，第 2 法则是强者战略的理论基础。

HIS董事长兼总经理
豪斯登堡前总经理
泽田秀雄先生

我是他的拥趸

问题

势力弱小的一方该如何战胜强者呢？又该如何在对手的重压下求生呢？

答案

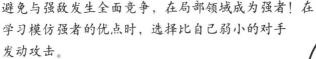

避免与强敌发生全面竞争，在局部领域成为强者！在学习模仿强者的优点时，选择比自己弱小的对手发动攻击。

本节战略要点

①根据力量对比有“两种战略”可以选择

“弱者战略指的是以地区为舞台，以商品为目标设立竞争战略。对于弱者来说，首先要立足于地区据点，这是弱者战略的基础。”

②以实现“3 项首位”为目标

“强者战略，指的是以商品占首位为基础，以地域占首位为目标设立战略。当强者身处市占率高的地位时，必须接连不断地投入新商品，否则无法维持目前的市占率优势。”

③经营战略的本质就是“恃强凌弱”

“市场营销战略的内容包括：市场营销必须立足于‘创新型领域’，从正面挑战处于领先地位的‘创新思路’。但是，具体立足于哪个地域，或者将哪个地域作为攻陷目标，个中的做法基本上由既成规则决定——任何时候都要以‘凌弱’为前提条件。”

本节战略要点1
POINT1

根据力量对比有“两种战略”可以选择

根据兵力的多少分别采取兰切斯特的“两种法则”。

法则1 单挑法则	法则2 火力集中效果法则

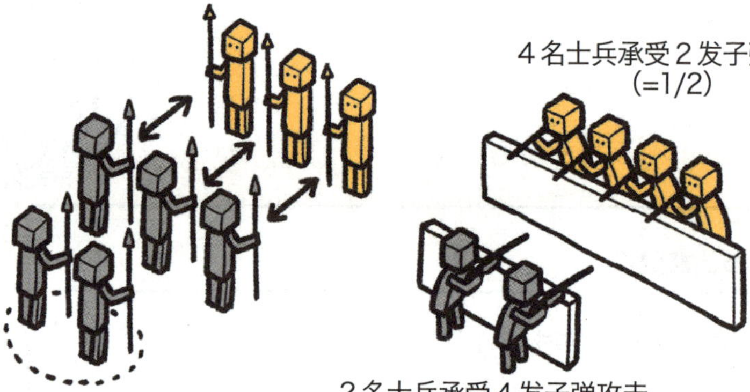
4名士兵承受2发子弹攻击
(=1/2)

2名士兵承受4发子弹攻击
(=2倍)

5名士兵对阵3名士兵，人数多的一方2人生还。

兵力处于劣势时采取这个战略

4名士兵对阵2名士兵，兵力差的2次方→承受4倍的火力差距。

兵力处于优势时采取这个战略

实战

从两大法则来看，劣势的一方应当采用一对一战术才不会吃亏；处于优势的一方如果发动集团与集团之间的战斗会更加有利于己方。

以实现“3项首位”为目标

兰切斯特法则在企业经营中的应用。

①
打造占据首位的地域
1
我是本地区的老大。
②
打造占据首位的客户
¥
1
本地区市占率的老大。
③
打造占据首位的商品
1
广受年轻人欢迎的首位商品。

随着市场规模的扩大和营业额的增长，
“3 项首位”会超越其他对手，享受高成长的好处。

实战

没有突出亮点就无法翻盘，以弱胜强就会遥遥无期。
关键在于如何有意识地选择聚焦“3 项首位”中的任何一项。

本节战略要点3
POINT3

经营战略的本质就是"恃强凌弱"

明确区分"竞争目标"与"攻击目标"。

学习优势企业的长处。
不要毫无胜算地去和大公司对立。
着重选择比自己弱小的对手。
大公司
己方公司
比己方公司更弱小的对手

根据兰切斯特法则，要想扩大市占率，结果只能是"恃强凌弱"。

实战

向比自己弱的对手发起攻击，是兰切斯特战略的基本，这样可以通过一系列的竞争改变结果。

专栏

大爷我叫兰切斯特

哇—
啊—
别打我啊～
干什么！住手！
反对欺负弱者派
对不起，放过我吧！
这个男人就是浦岛太郎！
哇—
啊—
别打我啊～!!
干得漂亮!!
赞成欺负弱者派
继续给我往死里打，哈哈哈！
谁啊？
这个男人就是兰切斯特！

Strategy

11

远离充满竞争的成熟市场，转换新思路！

蓝海战略

开拓未知市场，即便是夕阳产业也能焕发青春！

理论背景

无论是何种产业，成熟期过后竞争进入白热化阶段，开发新市场也就难上加难。"新市场空间"="蓝海战略"这一概念的诞生，成为解决该问题的新思路。

思想开创者

钱·金和勒妮·莫博涅均为法国欧洲工商管理学院的教授。2005年，二者合著的《蓝海战略》问世之后，于2013年被选为全球50位思想家第2名。

内容

《蓝海战略》一书包括《蓝海战略定义》《蓝海战略决策》《蓝海战略执行》3个部分，涵盖了蓝海战略的构架和实践内容，是一本具有浓重实战色彩的战略书籍。2015年再版发行时，对第9章进行大幅修改，并追补了第10章的内容。

问题

市场竞争正在榨干自己的实力……
机遇到底在哪里？

答案

从“剔除”“减少”“增加”“创造”4个步骤对产品、服务进行优化，可以抓住与既往客户不同的新消费者。

本节战略要点

①寻找可以抓住新消费者的新市场

“红海代表目前的整体产业，也就是既有市场空间。但是蓝海指的是尚未诞生的市场，即未知市场空间。”

②大胆实施“4步骤”

“（勇于实践尚未成熟的激进方针）黄尾葡萄酒以此实现了廉价的果味葡萄酒产品，同时却大幅削减了高级葡萄酒和每日壹品长期打造的竞争卖点——丹宁、橡木香、淳度、成熟度等重要元素。”

③优秀战略共同的“3个差别化”

“优秀的蓝海战略价值曲线，必须具备重点突出、与众不同、令人动心这几个关键词。缺少这3个特征的战略不仅缺乏特色和魅力，而且成本居高不下。”

本节战略要点1
POINT1

寻找可以抓住新消费者的新市场

竞争激烈的市场"红海"与新市场"蓝海"。

每年的渔获
都在减少。
丰收啦!
抓住了新发展
的机会啊!
红海
蓝海

竞争激烈
收益微薄

用新方式吸引新消费者
形成新市场

实战

蓝海指的是竞争少的市场，蓝海战略具有发现新市场和创造新市场两方面的特征。

大胆实施“4步骤”

大胆实施4个变化步骤，
将新消费者发展为企业的客户。

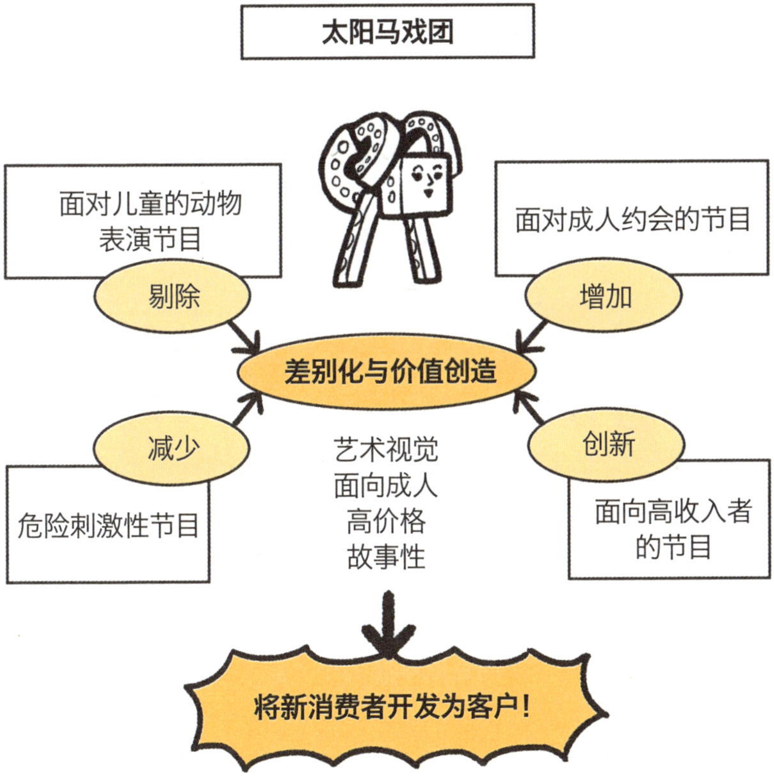
太阳马戏团
面对儿童的动物表演节目
剔除
面对成人约会的节目
增加
差别化与价值创造
减少
危险刺激性节目
创新
面向高收入者的节目
艺术视觉
面向成人
高价格
故事性
将新消费者开发为客户！

实战

太阳马戏团把“成年人”拉入了马戏市场。开发出新消费者，创造出没有竞争的市场。

本节战略要点3 POINT3

优秀战略共同的“3个差别化”

优秀的蓝海战略具有以下3个特征。

特征鲜明。
特征含糊。
①重点突出
No.1
②与众不同
③令人动心的关键词

**缺少这3个特征的战略不仅缺乏特色和魅力，
而且成本居高不下。**

实战 以上3个特征并非原因而是结果，只有进行大胆的深度创新，才能将与传统客户完全不同的新客户吸引到企业中来。

彰显自身的魅力，专注于5大焦点！

Strategy 12

五大竞争要因战略

聚焦5大焦点！

思想开创者

弗雷德·克劳福德是总部设在法国的国际咨询公司安永的副总经理，与瑞安·马修斯均为居住于底特律的未来学说研究者。

内容

《五大竞争要因战略》共分 10 章，基于实例对如何从“价格”“服务”“对接”“商品”“经验价值”5 个要素实现“差异化”的方法进行了分析解说。本书由星野集团总经理星野佳路先生负责监制作序。

理论背景

本书提到的分析方法基于 3 年多时间调查结果汇总而成，指出消费者并不期待企业各方面指标达到顶级，而是寻找“满足自身需求平衡”的最优企业。并警告道：企业处处想占领制高点本身就是一种误解，会导致自身失去发展方向。

星野集团总经理
星野佳路先生

我是他的拥趸

问题

相似度极高的产品或服务充斥世界的今天，
该如何实现差别化呢？

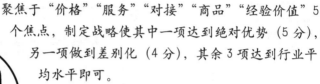

答案

聚焦于“价格”“服务”“对接”“商品”“经验价值”5个焦点，制定战略使其中一项达到绝对优势（5分），另一项做到差别化（4分），其余3项达到行业平均水平即可。

本节战略要点

①聚焦5大要素实现令人印象深刻的差别化

“解决同质化与资源局限性这一经营课题，使企业占据竞争优势最理想的配点组合为5、4、3、3、3模式。”

②防止陷入“同质化”的战略

五大竞争要因战略理论具有两大优势。其一在于防止企业出现同质化；其二则是对有限的经营资源加以选择与集中。

③关注“心理对接”

需要认识到的是，5大要素之一的“对接”包括现代物理上的对接与心理上的对接两个分类。

聚焦5大要素实现令人印象深刻的差别化

有效利用5大要素理论，夺取战略优势。

商业领域相关的 5 大要素

价格
服务
对接
商品
经验价值

其中一项达到绝对优势（5 分），
另一项做到差别化（4 分），
其余 3 项达到行业平均水平即可。

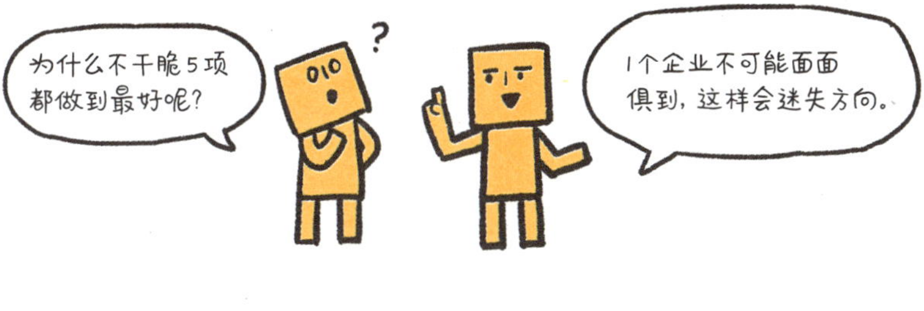
为什么不干脆5项都做到最好呢？
?
1个企业不可能面面俱到，这样会迷失方向。

实战

要聚焦自身特色之处，明确战略焦点。企图面面俱到的后果是与其他企业同质化。

本节战略要点2
POINT2

防止陷入“同质化”的战略

五大竞争要因战略理论拥有两大优势。

星野集团总经理
星野佳路先生
优势1
是防止企业陷入同质化的重要理论。
优势2
可以选择并集中有限的经营资源。
花田A
?
!
花田B

追求面面俱到反而会失去明确的差别化能力。

聚焦5大要素，其中3项只要求达到业界平均水平，这种激进的观点极为鲜明。

实战

本战略在未陷入同质化（无法取代）的企业中极为常见，实现差别化的关键在于彻底抛弃不必要的部分。

关注“心理对接”

现代意义上的对接有两个方面即“物理对接”与“心理对接”。

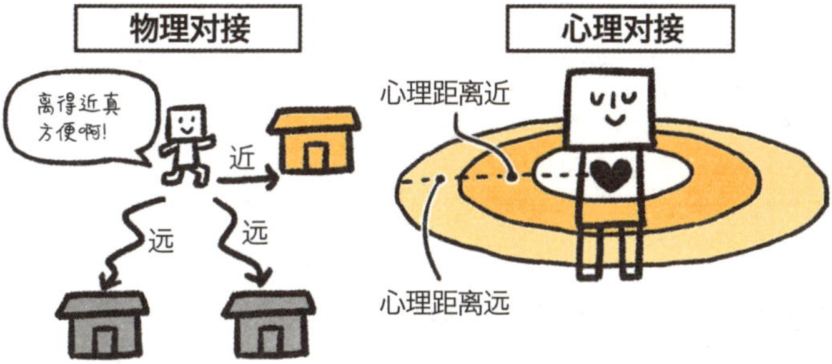
物理对接
离得近真方便啊!
近
远
远
心理对接
心理距离近
心理距离远

心理上的共鸣及交流的感觉就是心理对接

等级3	解决日常生活中的问题
等级2	体验便利性
等级1	非常容易找到

实战

进入互联网时代，不仅是物理上的对接，心理对接也会成为吸引消费者的魅力。

Strategy 13

不竞争才能获得高收益性

规避竞争的竞争战略

预设与龙头企业不同形式的市场，同时建立准入壁垒！

理论背景

在多数企业参与竞争的市场，展开同质竞争会导致双方疲惫不堪。在日本国内除了要面对激烈竞争之外，还要面对来自新兴国家企业的价格竞争，最终导致企业收益的下滑。为了摆脱当前的困境，本书提出了“不竞争获得收益”的观点。

思想开创者

山田英夫先生历任三菱综合研究所、大企业外部监事等职务，目前担任早稻田大学商学院教授，除了《规避竞争的竞争战略》之外，还出版了其他著作。

内容

《规避竞争的竞争战略》共5章。包括：第1章《规避竞争的竞争战略》、第2章《利基战略》、第3章《不和谐战略》、第4章《协调战略》、第5章《远离薄利争夺战》。

问题

竞争压力越来越大不说，大企业还拿出了同质化手段……
如何才能获得收益呢？

答案

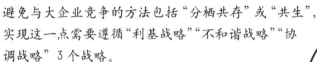

避免与大企业竞争的方法包括“分栖共存”或“共生”，实现这一点需要遵循“利基战略”“不和谐战略”“协调战略”3个战略。

本节战略要点

①在企业内部设置“无法被模仿”的战略

“为了规避竞争，处于弱势的企业必须采用‘分栖共存’或‘共生’方式对待行业里的领军企业。具体方法包括‘利基战略’‘不和谐战略’‘协调战略’3个战略。”

②在“量”或“质”上实现差别化

“利基企业拥有‘控制“质”提高参入壁垒手段’和‘控制“量”提高参入壁垒手段’这两种武器。”

③将对手的优势化为“劣势”

“不和谐战略以‘不拥有资源’为优势，是一种规避与龙头企业竞争的战略。”“协调战略指的是将己方企业的功能彻底迎合大企业价值链上的某项机能，从而实现规避竞争的战略目的。”

本节战略要点1
POINT1

在企业内部设置“无法被模仿”的战略

让大企业或领军企业无法进行模仿。

规避竞争的战略包括2个方向性和3个子战略。

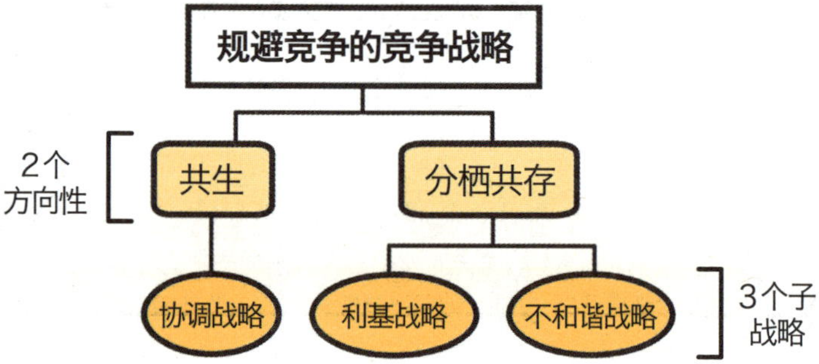

规避竞争的竞争战略
2个方向性
共生
分栖共存
协调战略
利基战略
不和谐战略
3个子战略

利基战略和不和谐战略哪里不一样呢？
“利基”指的是改变市场的体量或质量使其成为参入壁垒。
“不和谐”指的是用战略手段制造新的参入壁垒。

实战

规避竞争不是选择参入自然形成壁垒的道路，就是选择和对手成为共生伙伴的道路。能够规避正面竞争本身就是对自己有利的事情。

在“量”或“质”上实现差别化

利基战略的本质在于市场的两个轴心。

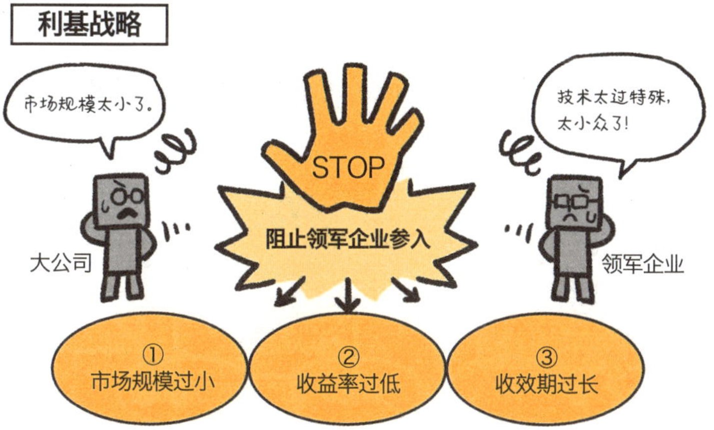
利基战略
市场规模太小了。
技术太过特殊，太小众了！
STOP
阻止领军企业参入
大公司
领军企业
①市场规模过小
②收益率过低
③收效期过长

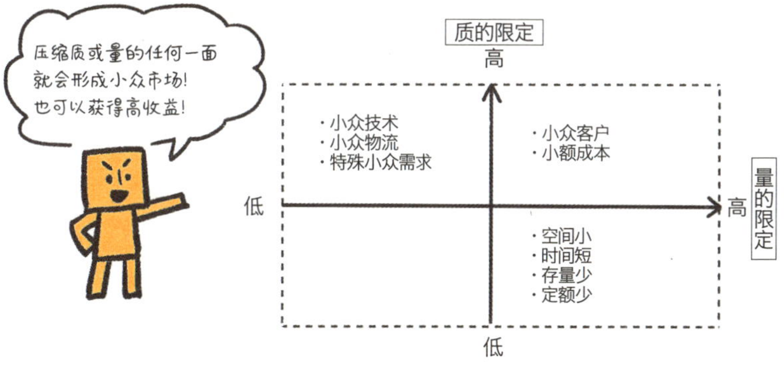
压缩质或量的任何一面就会形成小众市场！也可以获得高收益！
质的限定
高
低
量的限定
高
低
·小众技术
·小众物流
·特殊小众需求
·小众客户
·小额成本
·空间小
·时间短
·存量少
·定额少

实战

无论是在“质”上还是在“量”上做文章，关键在于形成对己方企业有利、对手感觉不到魅力的市场。

本节战略要点3
POINT3

将对手的优势化为“劣势”

将大企业的优势转化为劣势的“不和谐战略”和加入大企业协同发展的“协调战略”。

不和谐战略 做背负众多资产包袱的大企业无法做的事情。

领军企业
带着这些包袱没法参入新市场!
迄今为止的资源、战略
STOP
独特的市场和参入壁垒
让大企业拥有的强项或资源变成包袱的思路。

协调战略 加入大企业的价值链中，与大企业同生共死。

让我加入你们吧，我能帮得上忙啊!
向消费者提供价值。

实战

不和谐指的是，在对方的资产反而成为准入壁垒的领域里创业；协调指的是与对方形成同生共死的关系。

经营战略的本质在于“差别化”！

Strategy

第 4 章

产业结构战略

随着经济发展，

战略的舞台也从“战场”转向了“企业”。

本章介绍的是“依托生产而生存的企业战略”。

Strategy 14

发明少量、多类、低成本的生产方式

丰田生产方式

少量、多类
也能实现低成本生产！

理论背景

美国的生产方式是大规模、低成本模式，大野耐一对此持疑问态度并最终发展出丰田公司特色的产业理念。在 20 世纪 70 年代的石油危机中，世界进入了大量销售碰壁的时代，最终少量、多类也能实现低成本生产的丰田生产方式占据了竞争优势。

思想开创者

大野耐一于 1912 年（明治 45 年）诞生于中国大连。后加入丰田纺织公司，并于 1943 年转入丰田汽车公司，推出了以准时生产制的理念为基础的理论，形成了丰田生产方式的体系，目前依旧是丰田汽车的生产管理理论的基石。

内容

《丰田生产方式》共 5 章，从第 1 章《立足于需求》至第 5 章《突破低成长时代》，展现了对创始人丰田佐吉的敬意，并强调丰田生产方式是一种生产方式上的“发明创新”。

问题

单一产品大量生产成为过去，
需要面对少量多类生产……
如何才能做到降低成本呢？

答案

不以“生产”为主轴实施降成本，而是以“销售”为主轴实施降成本，才能实现少量多类生产模式的降成本计划。

本节战略要点

①“销售多少就生产多少”这一崭新战略

“简而言之，就是在必要的时候组装需要的零部件，依照必要的量抵达生产线的指定位置。”

②剩余库存接近零的“看板方式”

“多余的人手、剩余库存、多余的设备，只要是人机料产品，凡是超过需要的部分，都会导致成本上升。”

③将发明的目标从“产品”转为“生产方式”

“其中最大的成果是，鄙人完成了可以说是佐吉老人的遗愿——‘完全由日本人完成一项重大发明’，或许丰田生产方式的诞生就意味着实现了他的愿望吧。”

本节战略要点1
POINT1

“销售多少就生产多少”这一崭新战略

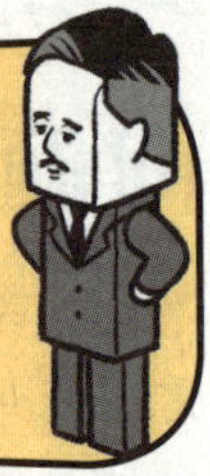

丰田执行的降成本思想与美国模式完全相反。

美国模式	丰田模式
单一产品产量越大，分摊的设备等固定费用就越少。	只生产销售掉的部分，以销售为轴心的降成本思想。

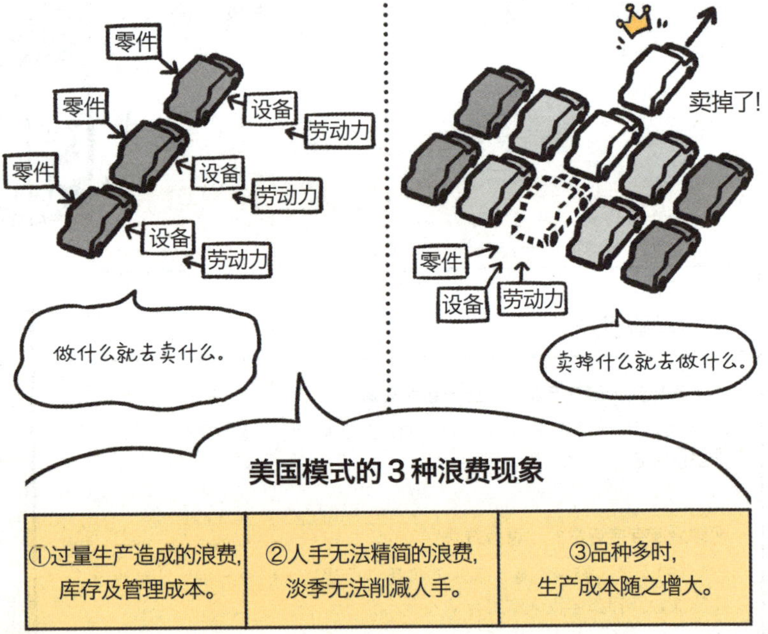

零件
设备
劳动力
零件
设备
劳动力
零件
设备
劳动力
做什么就去卖什么。
卖掉了!
零件
设备
劳动力
卖掉什么就去做什么。

美国模式的3种浪费现象

①过量生产造成的浪费，库存及管理成本。	②人手无法精简的浪费，淡季无法削减人手。	③品种多时，生产成本随之增大。

实战

不从制造方面着手降成本，而是从销售方面着手降成本，不愧为一大创新。同样，降成本应当考虑在和以前不同的领域开展。

略要点2
OINT2

剩余库存接近零的“看板方式”

不预先过多生产零部件，只按照后工序需要量生产零部件，这种生产方法极为新颖。

美国模式

在保守的美国模式看来，前工序作为起点，必须维持大量库存。

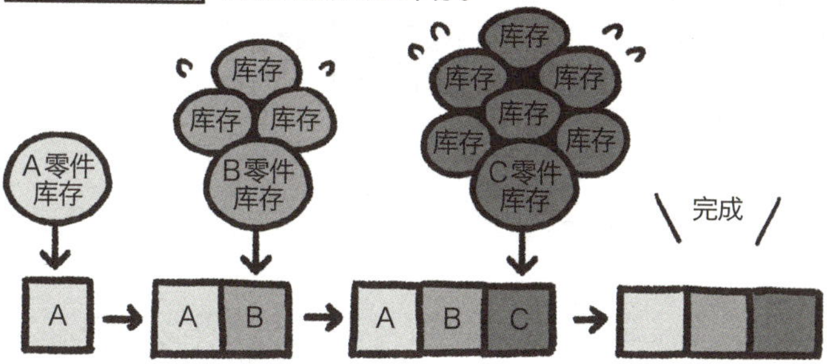

库存
库存
库存
B零件库存
库存
库存
库存
库存
库存
库存
C零件库存
A零件库存
完成
A
A
B
A
B
C

丰田模式

“看板方式”可以把后工序的零部件需求量通报给前工序，实现最低库存量。

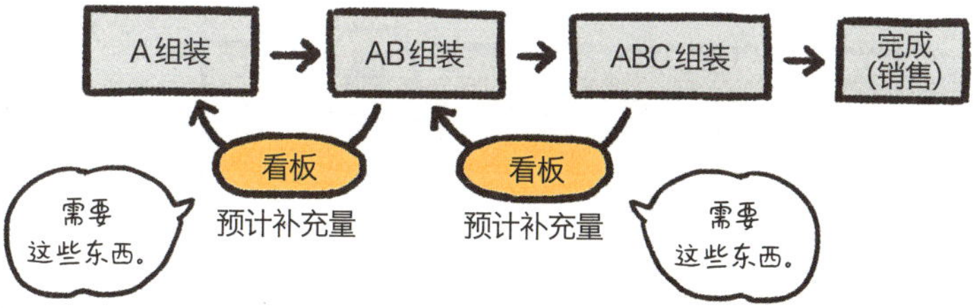

A组装
AB组装
ABC组装
完成（销售）
看板
预计补充量
看板
预计补充量
需要这些东西。
需要这些东西。

通过看板正确把握零部件消耗情况，补充生产相应的量，确保剩余库存无限接近零，不啻为一个战略思路发明。

实战

本节战略要点3
POINT3

将发明的目标从“产品”转为“生产方式”

生产方式的发明使丰田汽车成为跨国企业。

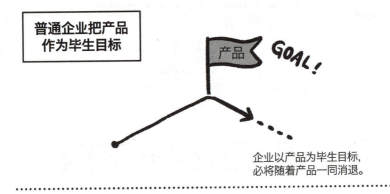

普通企业把产品作为毕生目标

产品
GOAL!

企业以产品为毕生目标，
必将随着产品一同消退。

丰田的创新

不以单个产品为目标，
而是以生产方式为目标的创新和管理思想，
将丰田推向世界。

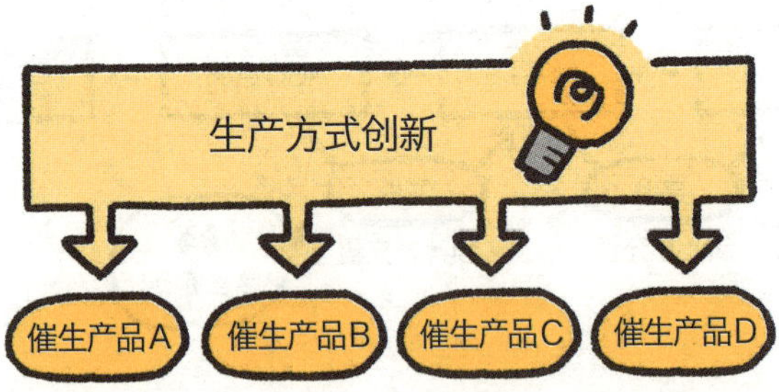

生产方式创新
催生产品A
催生产品B
催生产品C
催生产品D

实战

不以产品或技术为发明对象，而是以生产方式这种根本性创新为目标，越是根本性创新，越能在竞争中占据长期优势。

专栏

发明创新专家佐吉的梦想

丰田佐吉辞去公司法人职位后，踏上去美国的伤心之旅。
真是倒霉透了~
不料到了纽约佐吉才发现等待他的是一个——
真了不起啊！！
佐吉再次充满斗志……
撸起袖子加油干吧！！
丝线行业赚到了。
回日本后开纺织厂赚到了启动资金。
在儿子喜一郎身上实现了『汽车梦』。
生产方式
世界的丰田
『创新之种』的播种人是佐吉！
快点长大哦~

*丰田佐吉……丰田集团的创始人，也是一位发明家，包括汽车产品在内留下了为数众多的发明。

Strategy 15

加密技术改变世界

区块链革命

世界已经步入不经过企业或中央平台，个人之间直接交易的时代。

理论背景

中本哲史在论文中提到，比特币和区块链技术成为世界瞩目的焦点。本书深入介绍了这项技术所蕴藏的无限可能性，以及它将如何改变世界。

思想开创者

唐·塔普斯科特与亚力克斯·塔普斯科特是一对父子，唐在多伦多大学担任研究项目负责人，而在投资银行工作的儿子亚力克斯是金融领域中的著名区块链研究者。父子合著了《区块链革命》一书。

内容

《区块链革命》共分11章，包括：第1章《可信的协议》、第2章《引导未来》、第3章《重塑金融服务形象》、第4章《重新设计公司的架构》、第9章《在区块链上解放文化产业》等内容。

问题

是否还会出现打破中央集权式平台的经济模式呢？

答案

随着区块链技术的问世，既有的平台型经济模式将被彻底驱逐出经济舞台。

本节战略要点

①不通过大型企业或中央平台的交易已经成为现实

“在线支付伴随着盗刷问题”“区块链内并不存在管控全局的调度中心”“区块链并非剥夺的士司机的工作机会，而是消灭 Uber（优步）平台，由司机直接接单。”

②在全球催生新商业模式的新技术

“唯有搭载安全系数极高的防卫系统，才能实现交易双方直接产生现金流动的功能。”“到今天为止，互联网往往未向原创者支付合理的报酬。”

③“真正的共享服务”将成为现实

“使用双方经过直接交涉，所需经费均属于借出方收入，其中并无中央平台介入，这意味着真正的共享经济成为现实。”

本节战略要点1
POINT1

不通过大型企业或中央平台的交易已经成为现实

所谓区块链就是互联网上的分散式底账技术。

截至目前的因特网问题点

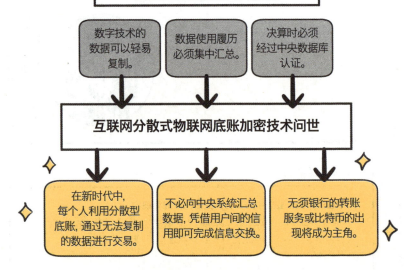

数字技术的数据可以轻易复制。

数据使用履历必须集中汇总。

决算时必须经过中央数据库认证。

↓

互联网分散式物联网底账加密技术问世

↓

在新时代中，每个人利用分散型底账，通过无法复制的数据进行交易。

不必向中央系统汇总数据，凭借用户间的信用即可完成信息交换。

无须银行的转账服务或比特币的出现将成为主角。

我们面对的是即使没有任何资源的人也能获得巨大商机的时代。

实战

区块链实现了互联网底账功能，不必向中央系统汇总，这一技术为世界带来了新的商机。

在全球催生新商业模式的新技术

网络技术革命不断推出新商机。

当前因特网的模式 手续费成了交易的重负

大额手续费
大额手续费
汇款方
转账数据
数据汇总中央平台
认证后转账
收款方

数据链技术模式 手续费低廉，收款方收益增大

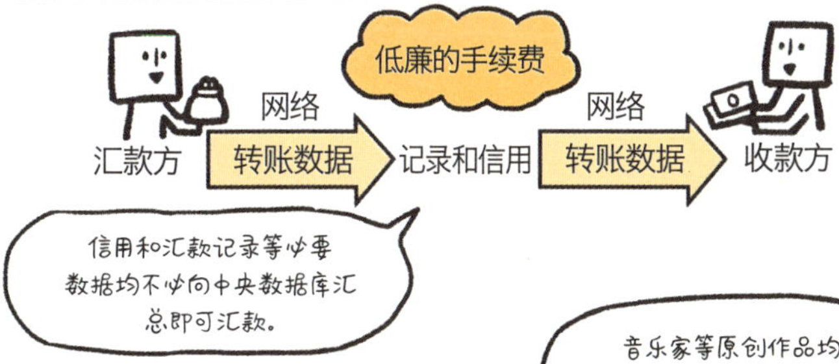

低廉的手续费
汇款方
网络
转账数据
记录和信用
网络
转账数据
收款方
信用和汇款记录等必要数据均不必向中央数据库汇总即可汇款。

音乐家等原创作品均可自行管理版权，或者享受廉价转账服务。

实战

可信赖的安全技术为网络支付保驾护航，原创作者也可获得合理报酬。

本节战略要点3
POINT 3

“真正的共享服务”将成为现实

没有任何中央系统介入的“真正的共享经济”在不远的将来会成为现实。

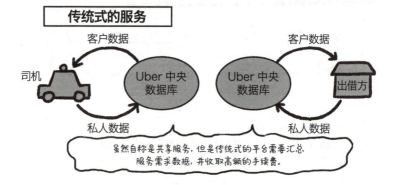

传统式的服务

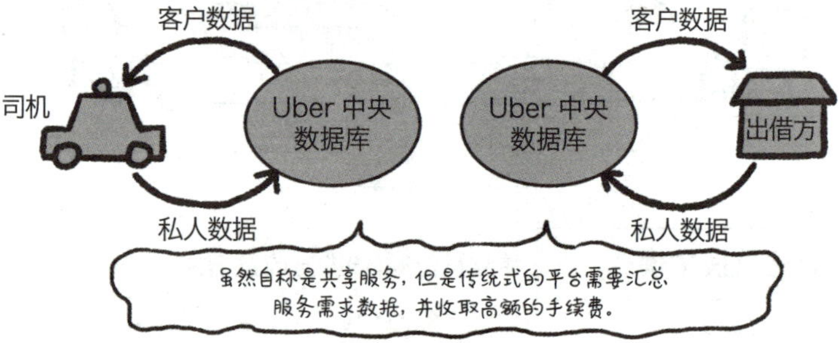

客户数据
司机
Uber 中央数据库
私人数据
客户数据
Uber 中央数据库
出借方
私人数据
虽然自称是共享服务，但是传统式的平台需要汇总服务需求数据，并收取高额的手续费。

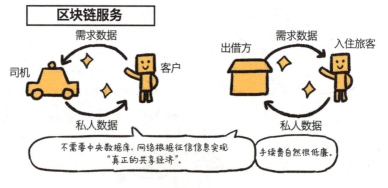

区块链服务

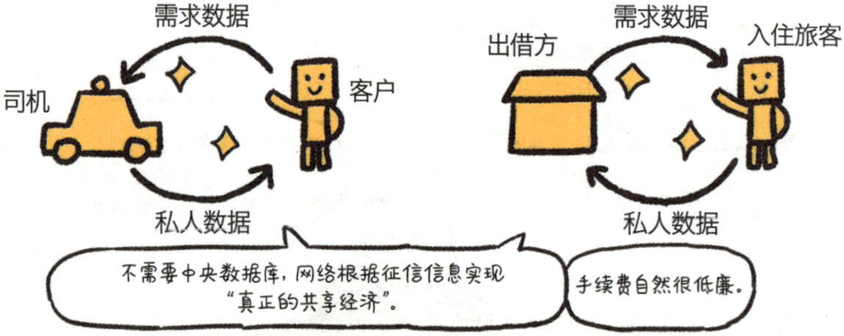

需求数据
司机
客户
私人数据
出借方
需求数据
入住旅客
私人数据
不需要中央数据库，网络根据征信信息实现“真正的共享经济”。
手续费自然很低廉。

实战

只需支付最低廉的手续费，用户之间就可以直接交涉价格的新时代即将来临。

Strategy 16

模仿并超越战略

腾讯

以最快速度将“中国用户特色”渗入产品开发当中！

思想开创者

在深圳长大的马化腾先生和阿里巴巴总裁马云一样，并未获得外国的MBA学历，而是借助中国政府倾力打造深圳高端产业地区的东风，成为获得成功的人物之一。

内容

《马化腾的腾讯帝国》共分12章，内容包括第1章《马化腾其人》、第2章《马化腾的伙伴和朋友》、第6章《从OICQ到QQ》、第7章《短信让腾讯成为最早盈利的互联网公司》、第11章《腾讯决战游戏市场》、第12章《腾讯式创新》等。

理论背景

《马化腾的腾讯帝国》是林军、张宇宙合著，二人的信息书中未做介绍。本书揭示了和阿里巴巴争夺全球市值亚洲首位的互联网企业——腾讯实现高速成长的秘密。

问题

后发企业如何成长为问鼎亚洲的领头雁？

答案

开发最适合中国网络环境的产品，帮助QQ虏获了4亿用户。助力于地区社会、猎头人才等方法，只要拥有无尽的睿智，就能战胜竞争对手，成为首屈一指的企业。

本节战略要点

①一边模仿一边超越模仿对象

“腾讯的OICQ并非原创，而是作为模仿品踏上舞台。”“‘超越式模仿’是马化腾创业伊始的产品哲学。”

②彻底分析“用户体验”

“马化腾感觉到，腾讯的竞争力在于短讯的用户团体及地缘社会，单纯的占有率无法说明现状。”“可以直接从现场迅速、正确地获得来自用户的反馈。”

③竞争的关键在于站在与对手“完全不同的角度”看问题

“可以说腾讯斩获的第一个战果，是与微软公司在软件领域的竞争，因为这种行为不啻为在自己的短板领域挑战对手的强项。”

“市场上充斥着很多美国不曾流行过的事物，微软公司对这些新功能根本摸不着头脑。”

一边模仿一边超越模仿对象

“超越式模仿”即始于模仿。

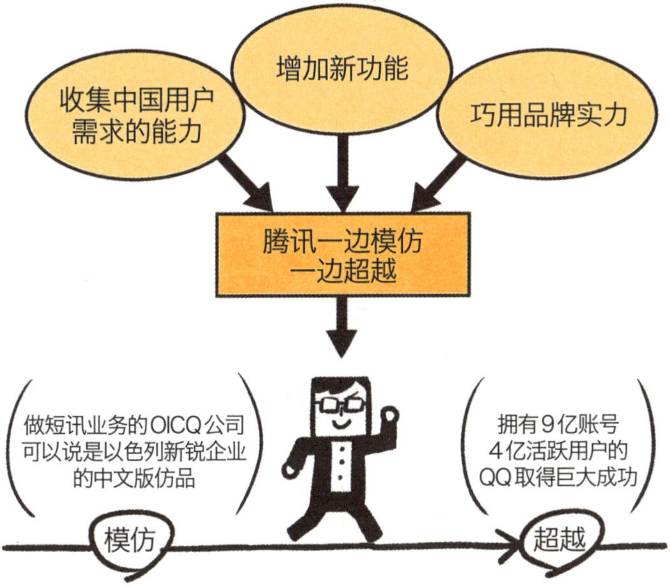
收集中国用户需求的能力
增加新功能
巧用品牌实力
腾讯一边模仿一边超越
做短讯业务的OICQ公司可以说是以色列新锐企业的中文版仿品
模仿
拥有9亿账号4亿活跃用户的QQ取得巨大成功
超越

被马化腾模仿过的以色列新锐企业最终被美国的AOL公司收购。可以说腾讯发挥出了“模仿之外的能力”！

实战

虽然是以模仿为起点，在根据用户体验进行多方改善之后，腾讯最终超越了被模仿的对象。

本节战略要点2
POINT2

彻底分析"用户体验"

重视用户的需求与体验信息的认知力。

原来如此，
用户是这样用我们的新功能啊！
马化腾
张志东
直接观察用户反应
腾讯楼下的某网吧

腾讯的重要战略
以满足用户体验开发新产品为武器！

- 吸收来自以QQ为中心的地区社会反馈的内容与创意的能力。
- 发现中国人独特的使用方法，形成与他国企业差别化的能力。
- 通过网站发起"征集用户点子""创新比赛"等活动。

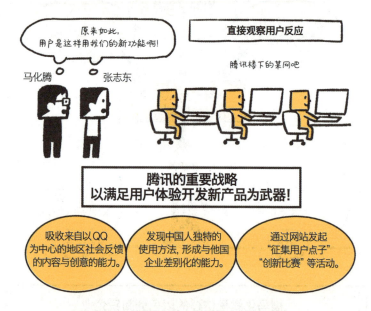

赶赴用户体验现场，捕获产品开发要点！

实战

为了实现与他国企业的差别化，彻底研究中国用户的使用方法，打造出强大的开发团队。

竞争的关键在于站在与对手“完全不同的角度”看问题

从与微软的交手中可窥见腾讯的“中国智慧”。

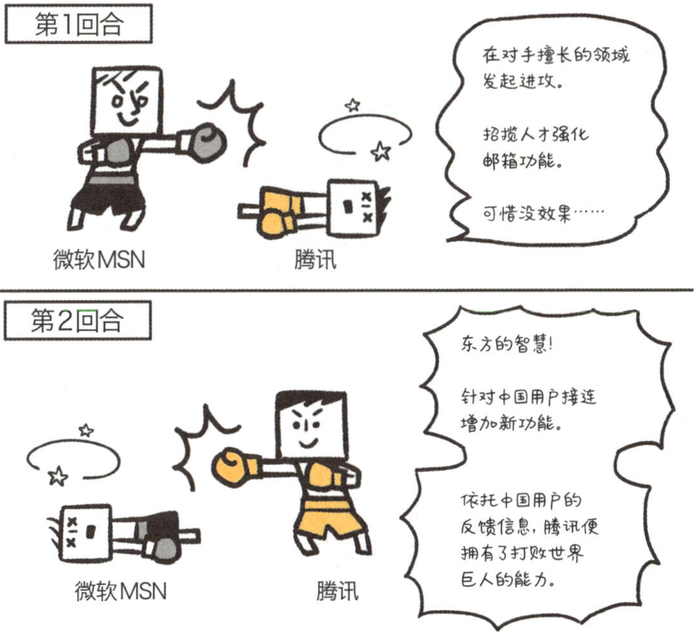

第1回合
微软MSN
腾讯
在对手擅长的领域发起进攻。
招揽人才强化邮箱功能。
可惜没效果……
第2回合
微软MSN
腾讯
东方的智慧！
针对中国用户接连增加新功能。
依托中国用户的反馈信息，腾讯便拥有了打败世界巨人的能力。

充分迎合“中国用户”背后的巨大市场是成功的关键！

实战

如果只是利用和对方相同的武器，与强者之间的差距是不会缩小的。利用面向中国用户的独特功能，是聪明地维持差别化的方法。

Strategy 17

高效的物流战略占据竞争优势

超级物流战略

制物流者制竞争!

理论背景

角井先生从2011年开始，每年必居住美国30日以上，东南亚10日以上，是监管最新物流商务的专家，他认为包括美国、欧洲各国在内的诸国已经拥有了优秀的物流战略，指出日本企业应向世界级的战略物流虚心学习。

思想开创者

作者角井亮一先生拥有美国金门大学MBA学位，历经船井综合研究所等机构，最终加入家族企业——光辉物流公司。后创立E-logit股份有限公司株式会社，成长为日本国内接受电商订单最多的电商专职物流公司，同时也肩负物流咨询工作。

内容

《亚马逊、宜得利家居、ZARA……超级物流战略》由序章和正文6章、终章构成，对亚马逊、宜得利家居、爱丽思欧雅玛、ZARA、DHL等公司的物流战略进行剖析，并在终章对物流战略的构架与最新动向做了详细解说。

问题

亚马逊等“物流赢家”的强项到底在何处?

答案

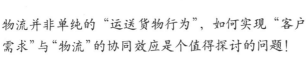

物流并非单纯的“运送货物行为”，如何实现“客户需求”与“物流”的协同效应是个值得探讨的问题!
因为这与超级竞争优势直接挂钩!

本节战略要点

①经营战略的关键在于“物流制高点”

“物流代表着商业模式的本质”“正如杰夫・贝索斯所言，亚马逊的本质就是物流公司，他们对物流领域的投资还将持续下去。”

②物流战略离不开“4C 构架”

“关于 4C 的运用方法，首先要考虑的是便利性与时间两个要素。对此，经营战略也需要做同步调整。其次再考虑手段与成本。”

③生产与购买相结合的“零售商品效率化”

“我对全渠道零售是这样理解的，即‘无论是任何渠道的订单、何种接收方法都能应对，实现客户满意度极高的商业模式’。”

本节战略要点1
POINT1

经营战略的关键在于“物流制高点”

物流并非单纯地“运送货物”，而是企业“重要的战略”要素。

物流五强

亚马逊
ZARA
DHL
爱丽思欧雅玛
宜得利家居
对于跨国公司来说，物流是强大的武器啊！
据说美国有种说法：“制物流者制市场。”

实战

拥有物流加乘效果的配合，企业的战略胜算将得到极大提高。正是因为网络时代的助力，连接人与物的物流产业愈加不可或缺。

物流战略离不开“4C构架”

物流必须依托“4C”制定物流战略。

物流战略的4C架构

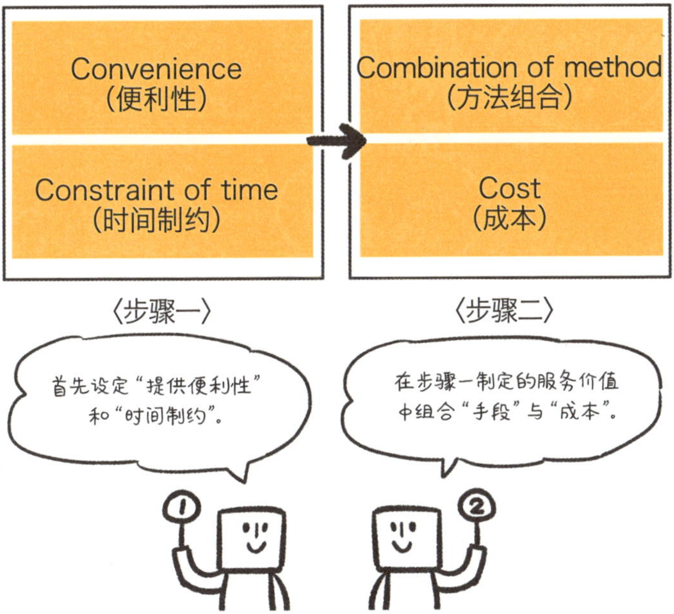
Convenience
（便利性）
Constraint of time
（时间制约）
Combination of method
（方法组合）
Cost
（成本）
〈步骤一〉
〈步骤二〉
首先设定“提供便利性”和“时间制约”。
在步骤一制定的服务价值中组合“手段”与“成本”。
①
②

实战

物流战略的起点在于，能向消费者提供何种便利性。在便利性的基础上结合成本与时间要素，形成各自的竞争战略。

本节战略要点3

POINT 3

生产与购买相结合的"零售商品效率化"

设计价值提供与整体体系架构，推进单个商品效率化。

全渠道零售客户满意度高的原因

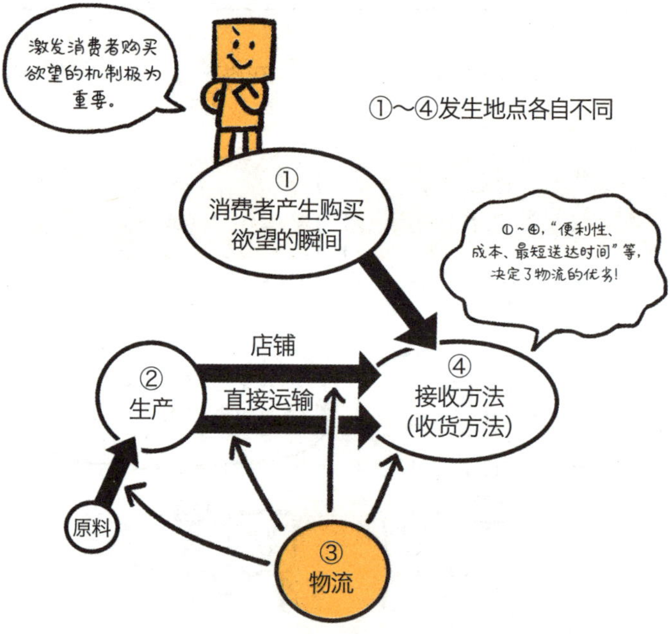
激发消费者购买欲望的机制极为重要。
①~④发生地点各自不同
①
消费者产生购买欲望的瞬间
①~④，"便利性、成本、最短送达时间"等，决定了物流的优劣！
店铺
直接运输
②
生产
④
接收方法
(收货方法)
原料
③
物流

无论是任何渠道的订单、何种接收方法都能应对。

实战

消费者产生购买欲望的地点与瞬间，和商品生产地区相隔甚远。如何殚精竭虑，突破距离限制是重中之重。

Strategy 18

换个角度思考问题，
找到他人无法觉察的商机

杰夫·贝佐斯

思想开创者

《杰夫·贝佐斯——无穷的野心，亚马逊的创始人、无敌的经营奇才》的作者是布拉德·斯通，任《布伦伯格商业周刊》的副主编，拥有采访以亚马逊为代表的硅谷企业的丰富经验。

内容

《杰夫·贝佐斯——无穷的野心，亚马逊的创始人、无敌的经营奇才》共3部，包括第1部《坚持信念》、第2部《书籍销售网络仅是个开始》、第3部《宣教士还是守财奴》等内容。

亚马逊不是做“销售生意”的企业！

理论背景

亚马逊能有今天的成功，对于早就做好规划的杰夫·贝佐斯来说并不意外。许多人物、企业见证了互联网的黎明期，唯独贝佐斯斩获了全球规模的成果。这本书揭示了他成功轨迹的一些小秘密。

问题

为什么只有亚马逊在互联网的黎明期捕捉到如此巨大的商机呢？

答案

通过网络销售书籍，竞争对手们都获得宝贵的经验。唯独贝佐斯从一开始便进入全速突进状态，能够预见到大多数人看不到的未来，使得贝佐斯斩获了巨大成果。

本节战略要点

①大胆卓越的预见性与对人才的先期投资

（模仿大卫·艾略特·肖的公司，它曾向贝佐斯这一最优秀的学生敞开大门）“就在亚马逊刚起步时，包括用人制度在内，贝佐斯对 D.E. 肖的经营手法进行了多方复刻。”贝佐斯曾经在 D.E. 肖就职，却把它当作未来创业时，顶尖人才诞生的摇篮。

②亚马逊销售的不是“东西”

“我们可不是靠卖东西赚钱，当客户决定要买东西的时候，我们帮助客户做出决定并以此牟利。”

③电子书属于破坏式创新

“你的工作就是捣毁现在已经有的产业，希望你们拿出把卖纸质书的人都炒鱿鱼的心态开展工作。”

大胆卓越的预见性与对人才的先期投资

在萌芽之前先集中人才全力攻克。

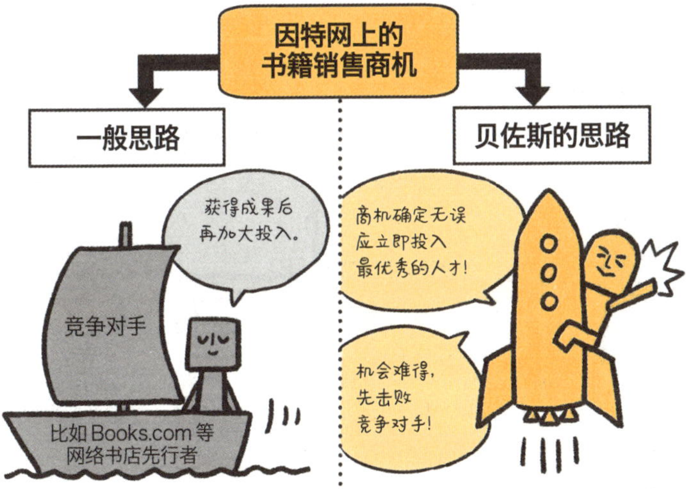
因特网上的
书籍销售商机
一般思路
贝佐斯的思路
获得成果后
再加大投入。
竞争对手
比如Books.com等
网络书店先行者
商机确定无误
应立即投入
最优秀的人才!
机会难得,
先击败
竞争对手!

如同乘坐大船一般步步为营。

像火箭一样从一开始就进入全速前进状态。

贝佐斯最早想把亚马逊网站命名为万事通商店（什么都买得到的网店），但是以“书籍超市”作为试水的目标确实是个明智的选择。

实战

一旦确定是最好的商机，那就下定决心，油门踩到底向前冲。

本节战略要点2
POINT2

亚马逊销售的不是“东西”

并非把卖东西赚钱当作目的，
这种思路是成功的关键。

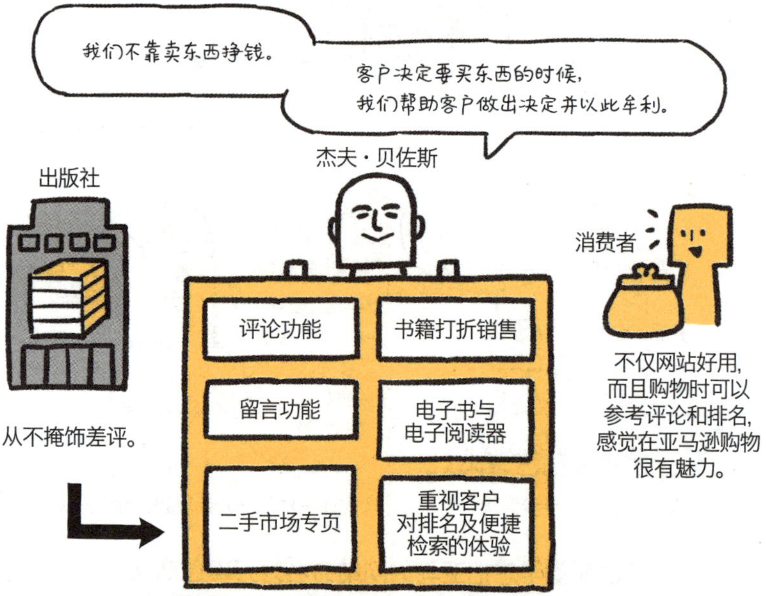

我们不靠卖东西挣钱。
客户决定要买东西的时候，
我们帮助客户做出决定并以此牟利。
杰夫·贝佐斯
出版社
从不掩饰差评。
评论功能
书籍打折销售
留言功能
电子书与
电子阅读器
二手市场专页
重视客户
对排名及便捷
检索的体验
消费者
不仅网站好用，
而且购物时可以
参考评论和排名，
感觉在亚马逊购物
很有魅力。

允许客户自由比对评论，亚马逊获得了比出版社更大的影响力。
甚至连差评都会成为“商品魅力”。

实战

以销售为主，就要为厂家考虑，以帮助客户做出判断为先导，就可以站在第三方的立场上严格要求各方，这就是追求新目标的效果。

电子书属于破坏式创新

彻底吃透名著《创新的两难》，
以电子阅读器作为破坏式创新手段。

消费者可以在到目前为止纸质书无法使用的场所或途径买到心仪的书籍。
有可能让纸质书的销售人员集体下岗!
杰夫·贝佐斯
《创新的两难》
电子阅读器
克雷顿·克里斯汀生教授的世界名著

贝佐斯认为“电子书有可能导致破坏式创新”，并采取了相应的行动。

实战

这是一种能够颠覆到目前为止，限制购物物理因素的技术。在掌握破坏式创新的定义之后，贝佐斯瞄准既定目标，又采取了行动。

Strategy

第5章

执行战略

随着战略理论的逐渐成熟，无数新理论也层出不穷。

不过，止步于纸上谈兵，终归没有任何意义。

本章解析了“理论联系实践，在执行层面上的战略”。

Strategy **19**

审视与现实脱节的战略论点！

战略历程

战略理论流派众多，各派理论却并非完全正确。

理论背景

明茨伯格从俯视战略理论 10 大流派的角度，针对不同的学说进行了分析。书中指出：每个流派都只选取自己能彻底分析、能理解的部分事实，并将之当作“全部事实”进行思考论证，具有以偏概全的倾向。

思想开创者

亨利・明茨伯格教授执教于加拿大麦吉尔大学经营研究生院，作为经营思想家广为人知，具有世界性的影响力。由于对古典战略理论提出质疑，引发了新一轮的学术讨论。

内容

《战略历程：穿越战略管理旷野的指南》由亨利・明茨伯格及布鲁斯・阿尔斯特兰德、约瑟夫・兰佩尔合著，共分 12 章，第 1 章为《战略巡礼的目的与构成》，此后到第 11 章都是针对各战略学派的解析与批评。第 12 章《新的展望》则对整本书的内容进行了总结、概括。

问题

战略理论派系众多……
该相信谁呢？

答案

各派的理论往往只选取有利于本派观点的部分事实进行论证，但是企业经营只看结果，这就需要综合各派的观点！

本节战略要点

①区分 10 大战略流派的优劣之处

“第六个瞎子伸出手去，立刻抓住了大象不停摇晃的尾巴，于是说道：‘原来如此，大象像根绳子啊！’”

②战略大体可分为“5 个 P”

“战略即计划（Plan），战略即模式（Pattern），战略即定位（Position），也是一种观念（Perspective）和一种策略（Ploy）。”

③没有实践，就没有真正的战略

“实践初期，所有的一切都要形成数据是不可能的，战略在初期阶段基本上不可能是一个完美的计划。在现实当中，是以战略为起点付诸行动，再根据行动得出真正有效的、具体的战略形态。”

本节战略要点1
POINT1

区分10大战略流派的优劣之处

战略理论在不同流派之间的辩论如同盲人摸象，都只抓住“一个侧面”。

真正的大象像什么？
像长矛
像扇子
像绳子
有全局观的人

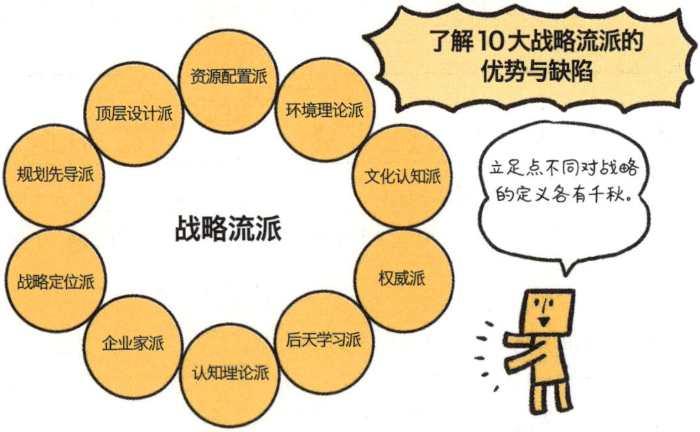

了解10大战略流派的优势与缺陷
战略流派
资源配置派
环境理论派
文化认知派
权威派
后天学习派
认知理论派
企业家派
战略定位派
规划先导派
顶层设计派
立足点不同对战略的定义各有千秋。

实战

产生战略流派的原因是大家关注点不同，通过了解各派的理论差异，运用起来会更加有效。

战略大体可分为“5个P”

战略大体可分为“5个P”。

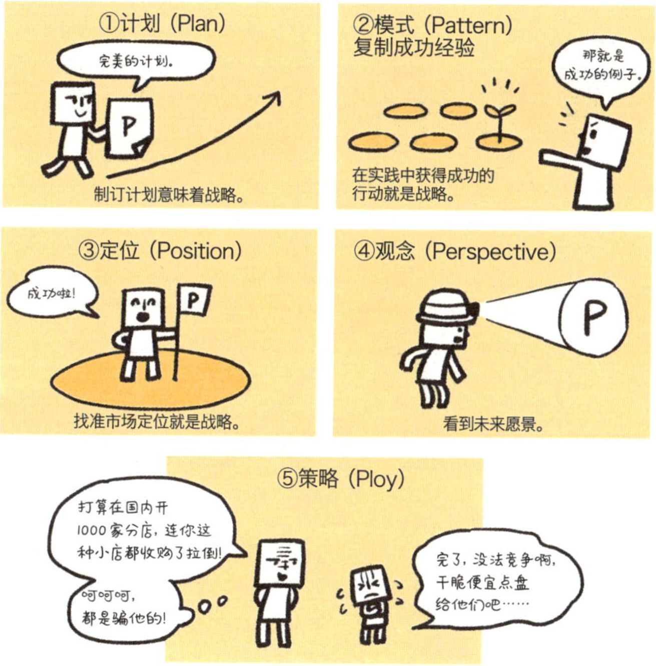
①计划（Plan）
完美的计划。
P
制订计划意味着战略。
②模式（Pattern）
复制成功经验
那就是成功的例子。
在实践中获得成功的行动就是战略。
③定位（Position）
成功啦！
P
找准市场定位就是战略。
④观念（Perspective）
P
看到未来愿景。
⑤策略（Ploy）
打算在国内开1000家分店，连你这种小店都收购了拉倒！
呵呵呵，都是骗他的！
完了，没法竞争啊，干脆便宜点盘给他们吧……

实战

战略大致可分为5大类，必须了解可规划的战略与经由反复失败和摸索得出的战略之间的差异。

本节战略要点3

POINT3

没有实践，就没有真正的战略

战略指导行动，

行动创造出色的战略。

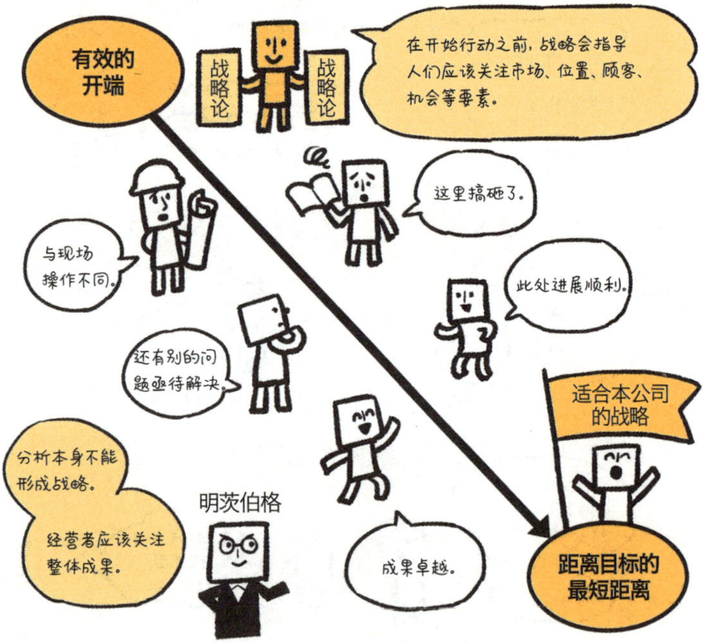

有效的开端
战略论
战略论
在开始行动之前，战略会指导人们应该关注市场、位置、顾客、机会等要素。
这里搞砸了。
与现场操作不同。
此处进展顺利。
还有别的问题亟待解决。
适合本公司的战略
分析本身不能形成战略。
经营者应该关注整体成果。
明茨伯格
成果卓越。
距离目标的最短距离

实战

在开始行动之前，某些战略会指导我们注意关注哪些方面。反之，也有在行动当中发现的战略。

专栏

追寻“成功的足迹”！

唉，唉……天上要是下钱雨就好了。
缺钱啊
想成功吧？
嘿嘿嘿
咦?!
要有战略追随成功者的步伐去吧。
靠近
嘿嘿嘿……
谁？
成功的人自有其『成功的原因』
SUCCESS
LOSE…
不过，找出其中共同点，难于上青天啊。
……!!
恺撒
成吉思汗
德川家康
所谓英雄，都有过成为俘虏（人质）的经历?!
任何事中都有『因』有『果』
成功
正确的原因
错误的原因
就是它了！
从『果』考虑『因』，判断其正确与否。
去获取成功吧！
倒是也可以。
人质

Strategy 20

缺乏推进执行的领导者，
就会难出成效

经营即“执行”

“执行”才是领导者最重要的工作！

理论背景

再优秀的CEO也有无法提高企业业绩，遭受挫败之时。不管战略和目标如何光鲜华丽，倘若无法付诸实施，便毫无意义。两位专家在对诸多企业及其经营方式进行对比之后，最后得出的答案是，“唯有付诸执行，才能称其为经营”。

思想开创者

著作《经营即“执行”，即为明日获取成果的铁律》是由拉里·博西迪和拉姆·查兰等3人合著。博西迪曾任霍尼韦尔国际公司的CEO，且作为多个一流企业的经营者活跃于第一线。拉姆·查兰作为经营顾问指导过多家美国著名企业，同时也在哈佛大学经营研究生院担任教职。

内容

《经营即“执行”，即为明日获取成果的铁律》共由3部分构成。其中介绍的3个核心结构，指的是“人才结构”“战略结构”和“业务结构”。

问题

为什么诸多管理者无法获得自己想要的结果？

答案

必须“千锤百炼自己的想法和战略”，与此同时，“想要让自己的想法、战略及目标变成现实，还须设计实施步骤，按部就班予以实施！”

本节战略要点

①要获得成功，“执行”这一要素不可或缺

“人们在进行知识探索之际，常常以偏概全，进而忽略想法需要不断充实、验证等需要严谨对待之处。”

②领导者才是“执行”的催化剂

“杰克·韦尔奇在 GE（通用）做 CEO 的时间长达二十年。尽管如此，在其就任的最后一年里，他还是花了一周的时间（每天 10 个小时），对每个部门的工作计划进行调查，同时也积极与对方进行意见沟通。也就是说，在临近退任之际，尽管他不再进行管理，但他仍积极参与指导工作。”

③通过“人才”“战略”“业务”3 个环节付诸执行

“3 个环节对于执行来说都极其重要。凡是具备执行力的企业，都会针对这几个环节进行严格和彻底的研究。”

本节战略要点1
POINT1

要获得成功，“执行”这一要素不可或缺

达成目标
需要理解两个认知要素。

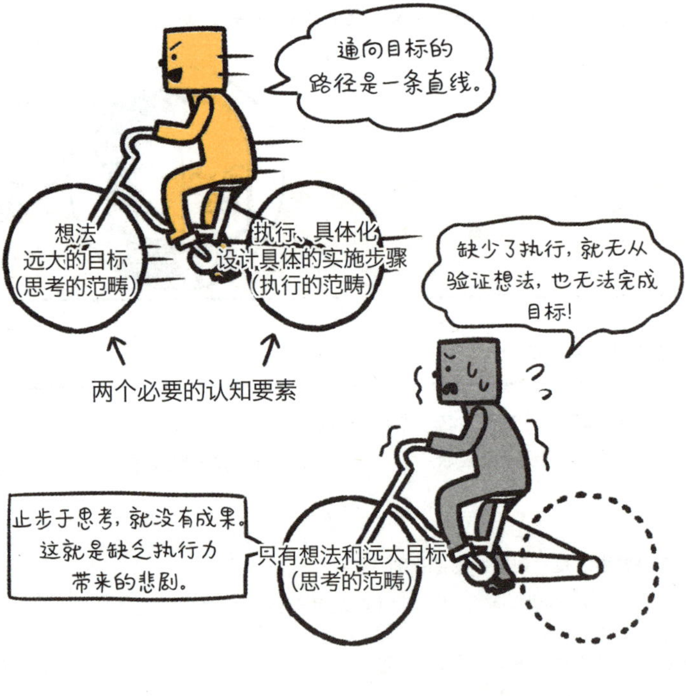

通向目标的
路径是一条直线。
想法
远大的目标
（思考的范畴）
执行、具体化
设计具体的实施步骤
（执行的范畴）
两个必要的认知要素
缺少了执行，就无从
验证想法，也无法完成
目标！
止步于思考，就没有成果。
这就是缺乏执行力
带来的悲剧。
只有想法和远大目标
（思考的范畴）

实战

画饼当然无法充饥。同理，不管是在商业领域，还是在实际生活当中，都不应该止步于思考。只有不断实践，才有可能获得成功。

领导者才是“执行”的催化剂

领导者的工作并不限于管理，
而是起着“引领”（成为执行催化剂）的作用。

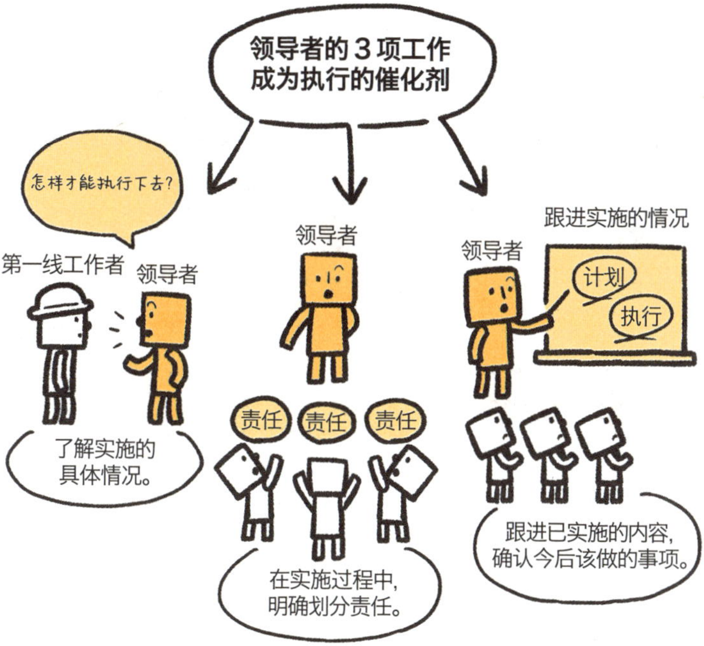
领导者的3项工作
成为执行的催化剂
怎样才能执行下去？
第一线工作者
领导者
了解实施的
具体情况。
领导者
责任
责任
责任
在实施过程中，
明确划分责任。
跟进实施的情况
领导者
计划
执行
跟进已实施的内容，
确认今后该做的事项。

实战

身为领导者，应该时常扪心自问：“在促进下属推进执行方面，自己能做的是什么？”

本节战略要点3
POINT3

通过"人才""战略""业务"3个环节付诸执行

理解3个环节，
掌握主动权，提高成效。

主导3个环节的4项行动

员工
领导者
如何付诸实施？
什么是必要条件？
提出与实行相关的问题。
领导者
目标
真实信息
详细了解实际情况。
人才
3个环节
战略
业务
领导者
目标
步骤A
步骤B
步骤C
将目标拆分为具体目标，便于实施。
领导者
员工A
员工B
对担任各个环节工作的重要人才进行准确评估、指导。

实战

管理者应该在组织内部创建"便于执行的组织结构"，确保执行，让组织获得卓越成果。

Strategy 21

改进3大要素，让成果最大化

高产出管理

经营者的工作就是让组织与部下的工作效能最大化！

思想开创者

安迪·S.葛洛夫于1936年出生于匈牙利，1956年移居美国。自1998年始担任英特尔公司的CEO，成为世界闻名的经营者。为了抗衡日本的存储芯片攻势，大胆转向微处理器并获得成功。2016年去世。

内容

著作《高产出管理 培育人才，让成果最大化的管理》加上简介部分，一共由4部分组成。内容包括第2部分《经营管理即团队，即游戏》，第3部分《团队中的团队》等。

理论背景

葛洛夫创建了英特尔公司并作为其CEO，培育出了世界一流的企业。他根据个人的经验，认为“企业现有的所有员工，都在进行着某种生产活动”，描述了如何最大限度提高公司的生产性。他从组织、管理者、员工这3个要素出发，探究如何让管理成果最大化，并强调了中间管理层的重要性。

问题

如何才能够让组织成果最大化？

答案

①适当维持组织结构；②让管理者进行有效管理；③激发出下属的最大能量。以上3点对于增强组织至关重要！

本节战略要点

①将“知识力量”与“职权”有效结合

“我们的经营必须每一天都将拥有知识的人群和拥有地位的人群结合起来。”

②管理者应该知道如何“定义自己的工作”

“管理者产出 = 所属组织的产出 + 自己影响圈范围内诸组织的产出。”

③通过“训练”和“动机唤醒”，激发员工能力

“如果将工作场所看作竞技场，就可以将员工看作是挑战能力临界点的‘运动员’。这是引导团队不断进步的关键。”

将“知识力量”与“职权”有效结合

寻找合适的组织形式，然后维持。

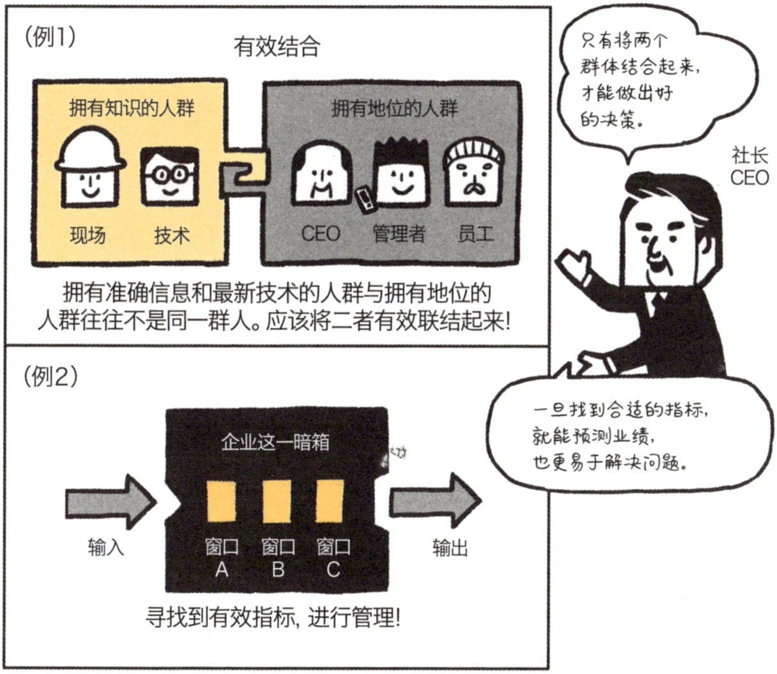
(例1)
有效结合
拥有知识的人群
现场
技术
拥有地位的人群
CEO
管理者
员工
拥有准确信息和最新技术的人群与拥有地位的人群往往不是同一群人。应该将二者有效联结起来！
只有将两个群体结合起来，才能做出好的决策。
社长
CEO
(例2)
企业这一暗箱
输入
窗口A
窗口B
窗口C
输出
寻找到有效指标，进行管理！
一旦找到合适的指标，就能预测业绩，也更易于解决问题。

实战

在几乎所有的组织当中，拥有知识力量和职权的，往往不是同一群人。越能将二者有效结合，就越能获得卓越成效。

本节战略要点2
POINT2

管理者应该知道如何“定义自己的工作”

管理者产出的定义和3种武器。

管理者的产出
=
所属组织的产出
+
对自己影响圈范围的诸组织的产出
下定决心做的话，能够影响的范围还是相当广泛的！
管理者

为了催生出正面影响力，管理者有必要收集并提供有效信息。

武器① 会议	武器② 决断	武器③ 规划
提供信息和方法论。商议如何解决问题。	做出决定的方法越是有效，成效就越大。	为了提高明天的产能输出，就应该洞悉今天应该采取的行动。

实战

管理者的正面影响范围越广，工作成效就越高。可以通过以上 3 种武器，提高产出效能。

通过“训练”和“动机唤醒”，激发员工能力

让员工的产出实现最大化的两种观点。

要想提高业绩，“训练员工”和“动机唤醒”至关重要。

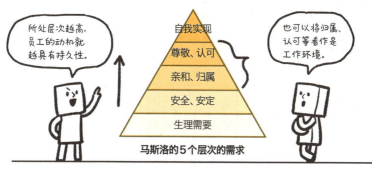

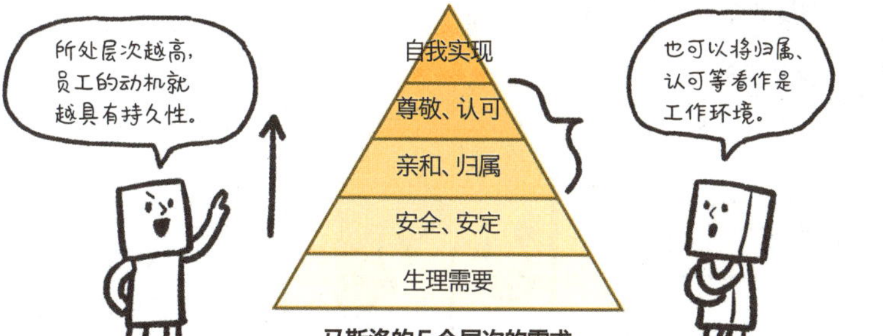
所处层次越高，员工的动机就越具有持久性。
自我实现
尊敬、认可
亲和、归属
安全、安定
生理需要
也可以将归属、认可等看作是工作环境。

马斯洛的5个层次的需求

管理者的应对方式取决于对方对目标的熟悉程度。

下属的熟练程度
低
认真教授，让指示更加细致、明确。
下属的熟练程度
中等
就大方向进行沟通，起到支持对方的作用。
下属的熟练程度
高
为其设定目标，减少参与，略加关注即可。
管理者
根据具体情况，改变应对方式。

下属的动机一旦被充分激发出来，就会自觉去追求最大成果。帮助下属设计出正确的执行步骤很重要。

实战

Strategy 22

改进组织，最大限度解放成员能力

青色进化型组织

“发挥人的创造性”与“享受劳动的喜悦”二者可以兼得。

理论背景

本书以“现在（过去）的组织模型的局限性”这一视点切入讨论。书中主张，如果人们能够从商业社会中典型的阶层性构造的组织和既有的、对人的自主性和创造性起着压抑作用的组织形态当中解放出来的话，就能够获得新的可能性，塑造出“进化型组织”。

思想开创者

弗雷德里克·莱卢出生于1969年，在法国的欧洲工商管理学院获得MBA学位。在麦肯锡工作15年之后，作为高层管理顾问开始创业。其著作《青色进化型组织 颠覆管理常识，重塑新一代组织》在2018年销售超过35万本，成为世界性的畅销书籍。

内容

著作《青色进化型组织 颠覆管理常识，重塑新一代组织》由3部分构成。

其原理Reinventing orgnazition意指“对组织进行重塑”或者“对组织进行重新审视”。

问题

改变旧有组织管理模式之后，
新的组织模式能够提高成效吗？

答案

如果既能够让组织全体人员赞成该组织的“价值观”，
同时又有着能够实现有效自主运营的“组织原则”，
二者兼具，即能提高成效！

本节战略要点

①过去的组织形态存在 3 大弱点

“遵从服从型范式的人们将维持秩序和因袭旧例看得无比重要。”“如果只有到达顶层，才算获得了成功的话，我们的人生就只收获了空虚感。”（达成型组织）“我们在家庭中表现出来的，未必就只有本性中好的那一面。”

②追求“青色进化型组织”，解放员工自然需求

“青色进化型组织为员工提供的场所富有活力，薪水高于普通公司，每年持续成长，有着极高的收益率。”“最为关键的是，它成了一种媒介，让公司崇高的目标得以转化为现实。”

③一旦上司放弃“自负”，部下就能最大限度发挥潜能

“休假一结束，管理者们就向佐布里斯特大声抱怨。在萝卜和棍棒兼用的管理方法已经被弃之高阁的当今社会，我们又该如何管理员工呢？”“佐布里斯特主张让团队进行自主管理。”

本节战略要点1
POINT1

过去的组织形态存在3大弱点

过去3种组织形式中的利与弊。

分类	优势、特征	弊端
顺应型组织 (琥铂色) 金字塔形的阶层构造。	利于维持秩序。 稳固的金字塔结构能够稳定庞大的组织结构。	将人牢牢钉在其岗位上。 因过分强化归属感, 让员工心感恐惧、不安。
进化 ↓ **达成型组织** (橙色) 目标为在竞争中胜出,重视利益与发展。	极力追求有效性, 目标在于获取成功。 类似机械的组织。	为获得成功而成功,为出人头地而追求成功,置个人需求于不顾,会让人感觉空虚,有一定危险性。
进化 ↓ **多元型组织** (绿色) 构建文化,下放权力。 分享存在目的。	重视价值观。倾向于自下而上的管理模式。组织结构类似一个家庭。	基于家族主义, 让个体感到压抑。 以人为中心, 让人感觉不自由。

每一种类型的组织结构都有其优点和弊端。
人的观念进化与组织水平的发展是一致的啊。

实战

在青色进化型组织出现之前,个体只能将其一部分需求转换成工作原动力。应该解放人的所有能量,将成果最大化。

追求“青色进化型组织”，解放员工自然需求

进化型组织的领导者对于“生命”“生物”等的理解，都是比较理想化的。

进化型组织的3个突破口

自主经营	整体性	存在目的
不管组织多么庞大，做决定的都不是顶层，而是团队。	工作场所不是只能够展现出一部分自我的地方，而是可以展现出一个完整的自我。	组织本身也有自己的寿命和方向性。
↓	↓	↓
团队是一个事实上的自治组织，并非徒有其表。其团队成员具有自主性。	家族主义只关注个体作为家人角色的一面，却否定人的其他方面。工作场所应该成为人能够放心展示出完整自我的地方。	良好的组织存在的目的并非在于压制个体，而是让人产生共鸣，参与行动。

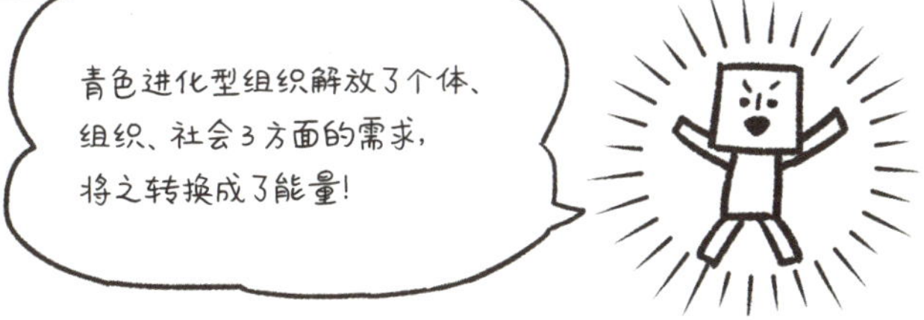
青色进化型组织解放了个体、组织、社会3方面的需求，将之转换成了能量！

实战

每个集团都有其特有的需求：社会有社会的目标，个体也会有自己特有的需求。同时解放这3个要素的话，就能够激发出最大的能量。

本节战略要点3
POINT3

一旦上司放弃“自负”，部下就能最大限度发挥潜能

高层、管理层一旦放弃自负，就能让组织能量最大化。

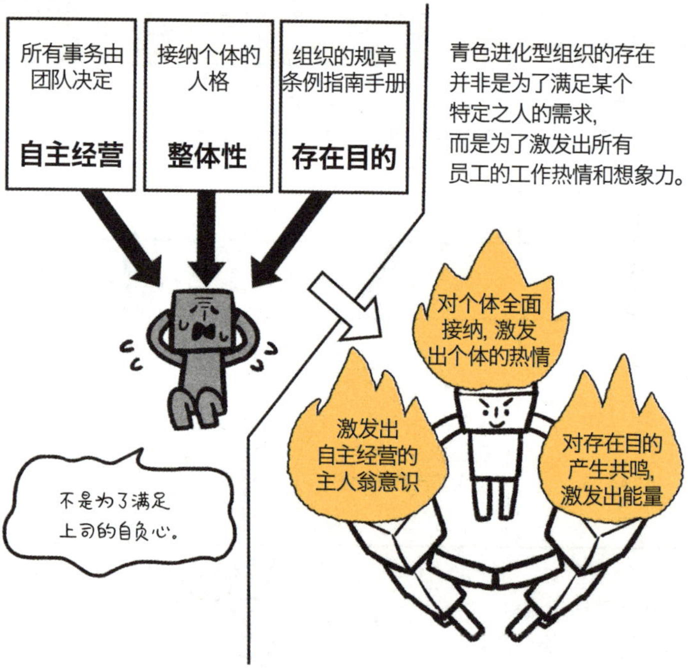

所有事务由团队决定
自主经营
接纳个体的人格
整体性
组织的规章条例指南手册
存在目的
青色进化型组织的存在并非是为了满足某个特定之人的需求，而是为了激发出所有员工的工作热情和想象力。
不是为了满足上司的自负心。
对个体全面接纳，激发出个体的热情
激发出自主经营的主人翁意识
对存在目的产生共鸣，激发出能量

实战

青色进化型组织的存在并非是为了满足上司的自负心。传统组织以支配和压抑为武器，迫使员工工作。青色进化型组织的形式与之恰好形成鲜明对比。

中间管理层是关键角色。

Strategy

第6章

创新战略

纵然时代已经变迁，却因袭旧有的战略，逐渐陷于胶着状态。因此，审时度势，改变旧有的思维和方法十分重要。本章将解析引发了巨大变革的“创新战略”。

Strategy 23

导入组织外部经验，发动组织变革

知识创造型企业

日本企业的变革，是通过知识创新这一形式来进行的！

理论背景

20世纪80年代是日本获得飞跃性发展的时代。处于那个时代的日本企业缘何能够接二连三地开发出热门商品呢？该理论从日本范式的知识创造这一角度，解析了日本企业创新的理由。

思想开创者

《创造知识的企业》由野中郁次郎与竹内弘高合著。野中氏是一桥大学的名誉教授，同时也作为“知识管理之父”获得了世界性的知名度。竹内氏也是一桥大学的名誉教授、哈佛大学经营研究生院的教授，并历任企业驻公司外董事。

内容

著作《创造知识的企业》共有8章。该著作大致分为3部分。第1部分是针对《知识和经营》的考察，第2部分探究的是《有组织性地创造知识的理论及其实例》，第3部分是《针对促进知识创造的管理及组织构造的分析》。

问题

一个企业如何才能超越一时热潮，
发动一场具有可持续性的创新？

答案

定期与企业外部打交道，让体验和想法获得升华，并有意识远离过去的成功体验（旧有认知）！

本节战略要点

①有计划地与“企业外部”打交道

“日本企业当中，可持续创新的特点在于其与外部知识的关联。”

②不摆脱旧有知识体系，企业就会走向灭亡

“1. 概念创造让企业获得腾飞。”“2. 先有体验，再进行讨论。”“3. 使用能够促进具体化的象征性语言。”

③运用类比，想象力自然会变得丰富

“正如本田的渡边所言：‘若是产生出产品的相关概念的话，就等于完成了一半。’”

本节战略要点1
POINT1

有计划地与“企业外部”打交道

体验组织外部世界，发现新的成功方程式。

封闭的组织只会因袭旧有的成功方法。

老化的知识

创意落后于时代

与公司外部世界打交道，发现新的成功方法。

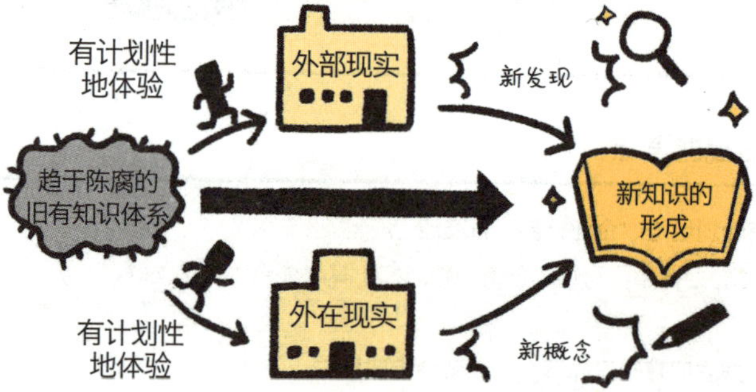
有计划性地体验
外部现实
新发现
趋于陈腐的旧有知识体系
新知识的形成
有计划性地体验
外在现实
新概念

实战

过去获得过成功的组织容易故步自封。通过有计划性地让员工体验“公司外部世界”，就有可能收获新的成功法则。

不摆脱旧有知识体系，企业就会走向灭亡

有效活用“钩子”这一思维工具摆脱旧的知识体系。

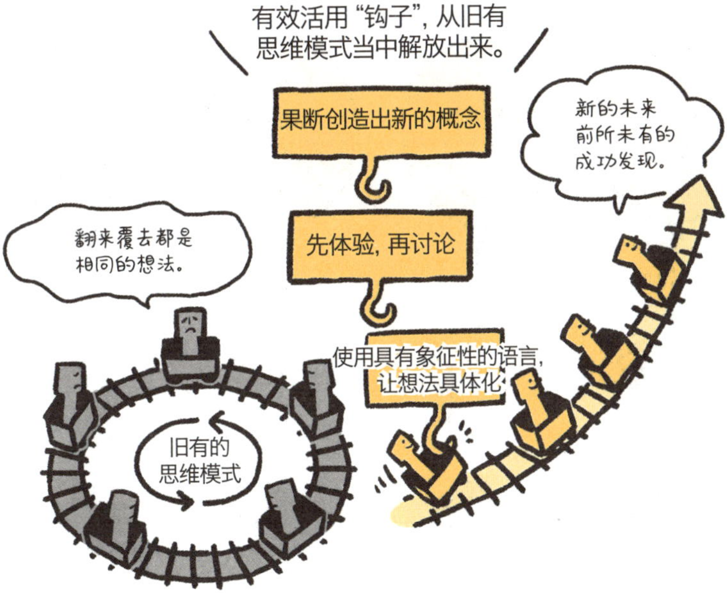
有效活用“钩子”，从旧有思维模式当中解放出来。
果断创造出新的概念
先体验，再讨论
使用具有象征性的语言，让想法具体化
新的未来
前所未有的
成功发现。
翻来覆去都是
相同的想法。
旧有的
思维模式

实战

与其一心摆脱旧有成功方法，不如有效使用上图中的方法，展开讨论。如此一来，新颖的想法自然不招自来。

本节战略要点3
POINT3

运用类比，想象力自然会变得丰富

隐喻和类比的运用催生崭新的思考和新颖的概念。

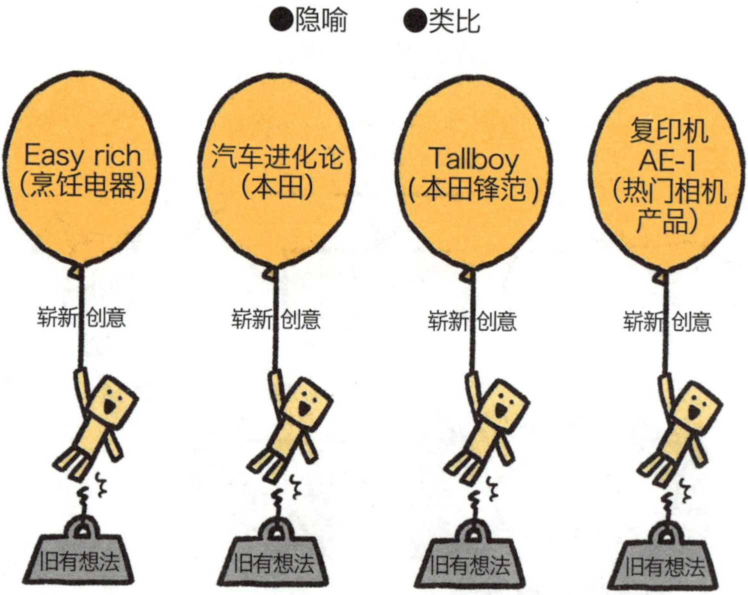

●隐喻 ●类比
Easy rich
(烹饪电器)
汽车进化论
(本田)
Tallboy
(本田锋范)
复印机
AE-1
(热门相机产品)
崭新创意
崭新创意
崭新创意
崭新创意
旧有想法
旧有想法
旧有想法
旧有想法

大胆的构想让人的想法产生飞跃，外在现实体验帮助人锁定目标。

实战

某些类型的隐喻能够丰富想象力。通过使用大胆的概念，让团队的想象力产生质的飞跃。

Strategy 24

"市场领导力"带来成果

彼得·F.德鲁克

用资源迎接机遇，
而非疑问！

思想开创者

彼得·F. 德鲁克是位著名的经营哲学家。他于1909年生于奥地利，1933年移居英国，不久远渡美国。曾长期在美国克莱蒙特管理研究生院担任教授一职，且为世人留下了经营管理方面大量的著作。

内容

《富于创造的经营者》共由3部分构成。第1部分是《企业为何物，当如何理解》；第2部分为《抓住机遇》；第3部分为《提升企业业绩》。该书将行动分为提升业绩的行为与增加成本的行为。企业就此应该如何取舍？作者就此提出了自己精辟的观点。

理论背景

《富于创造的经营者》一书的英文标题是*Managing for Results*。在其前言中，写有"本书是世界上首部企业战略方面的书籍"。该书针对如何提高企业的经济成效进行了分析和阐述。

问题

为了提升业绩，企业应该做什么，放弃什么？

答案

针对“能够提升业绩的领域”“成本结构分析”“市场分析”做出研究，就知道企业应该做什么，放弃什么！

本节战略要点

①从 4 个方面分析、理解本公司

“通过统合这 4 项分析，企业管理才能够理解、诊断本公司，定位发展方向。”

②在某行业占据领导地位

“成果并非取决于才干，而是取决于在市场中拥有的领导地位。”

“通过市场份额来判断是否拥有领导地位的做法是错误的。市场份额最大，收益率却远低于弱小的竞争对手，这样的例子不胜枚举。”

③“理想的企业”“人才”“机会”引领事业走向成功

“将多如牛毛的课题减至可以进行管理的数量。将稀缺的资源用在最大的机会上，让成果最大化。总之，应该保证质量，完成少数适合去做的事情。”

POINT1 略要点1

Strategy 24

彼得·F.德鲁克

从4个方面分析、理解本公司

通过4项分析，对本公司进行理解、诊断，定位发展方向。

深化理解本公司的“4 项分析”

①提升业绩的领域
■产品、市场、流通3个要素。
■资源是否用在了能够带来利润的活动上？
②成本中心与成本构造的分析
■成本管理三原则：
▲最大成本；
▲根据种类进行管理；
▲放弃活动本身。
该从哪个分析着手呢？
③市场分析
■从销售方看来不合理的行为，从顾客方看来则是合理的。
④知识分析
■我公司擅长什么？
■是否将知识集中在能够出成绩的领域了？

实战

通过4项分析可以了解到，公司是否采取了妥当的行动。公司有无将注意力集中在能出成绩的行动之上？对此应定期进行确认。

本节战略要点2 POINT2

在某行业占据领导地位

收益来自领导地位，而非所占有的市场份额。

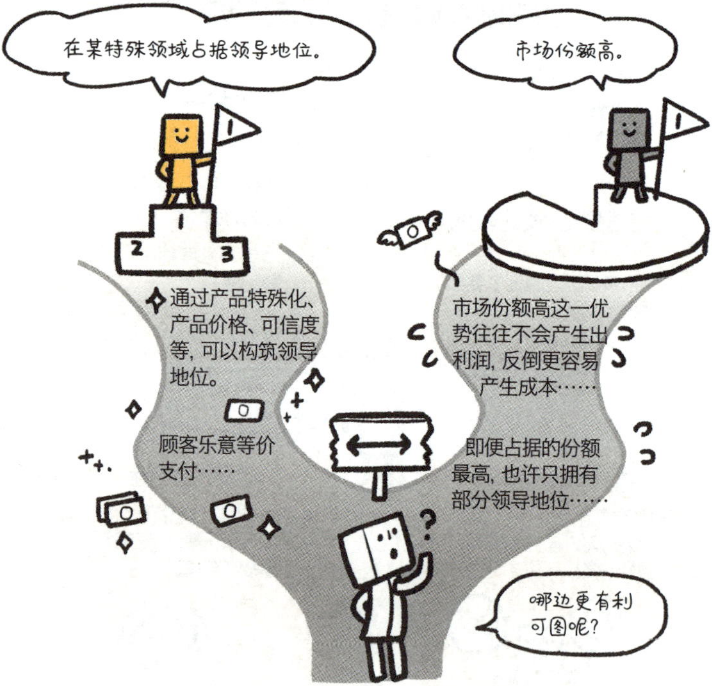

在某特殊领域占据领导地位。
市场份额高。
通过产品特殊化、产品价格、可信度等，可以构筑领导地位。
顾客乐意等价支付……
市场份额高这一优势往往不会产生出利润，反倒更容易产生成本……
即便占据的份额最高，也许只拥有部分领导地位……
哪边更有利可图呢？

实战

给顾客选择你公司产品的理由，而非其他公司的，如此就能产生收益。若是以市场份额为目标，则容易丧失目标。

“理想的企业”“人才”“机会”引领事业走向成功

3种途径确保事业获得成功。

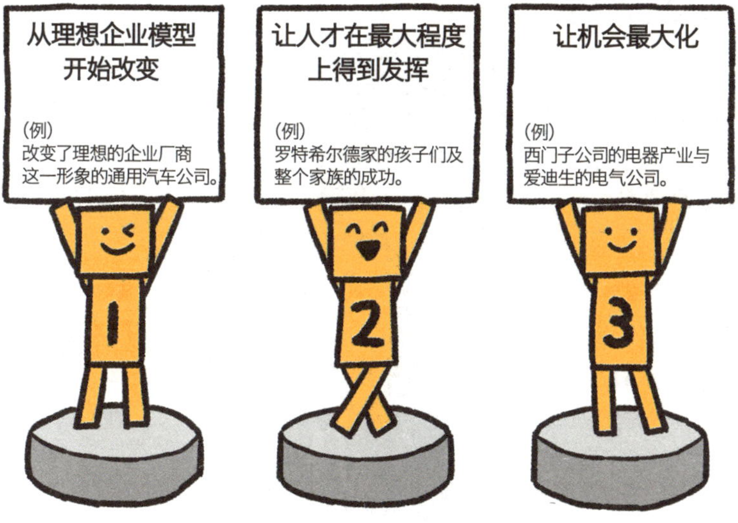
从理想企业模型开始改变
（例）
改变了理想的企业厂商这一形象的通用汽车公司。
让人才在最大程度上得到发挥
（例）
罗特希尔德家的孩子们及整个家族的成功。
让机会最大化
（例）
西门子公司的电器产业与爱迪生的电气公司。
1
2
3

诸多对策当中，以上 3 种方法成功率最高！

实战

以上 3 种途径是让事业获得成功的基本途径，也是实际上成功范例比较多的途径。这样制订出来的计划很少落空。

Strategy 25

"失去升力的企业"与"二次腾飞企业"的分水岭

创新者的解答

大企业也可以进行破坏式创新!

思想开创者

著作《创新者的解答》是克雷顿·克里斯坦森与迈克尔·雷纳二人合著。克里斯坦森是哈佛商学院的教授,同时也是世界畅销书《创新者的窘境》的作者。本书为该书的续篇。

理论背景

克里斯坦森之前的著作《创新者的窘境》曾经给予亚马逊的创建者杰夫·贝佐斯巨大影响。书中指出,破坏式创新甚至能帮助公司追赶上一个优秀企业。在本书中,作者剖析、阐述了如何策划、创造出破坏性创新。

内容

全书共 10 章。第 1 章为《成长这一至高无上的命令》;第 2 章为《击败最强竞争企业的方法》;第 3 章为《顾客需要的产品是什么》;第 4 章为《对于本公司来说,最为优质的顾客是什么》;第 5 章为《圈定适合的事业范围》等。

问题

为何企业越大、越优秀，
就越不能进行毁灭式创新?

答案

越是大企业，就越会迷恋既有的高端客户层。新兴企业通过低价格竞争，在新市场中获得竞争力，进而抢夺高端市场，其竞争力极强!

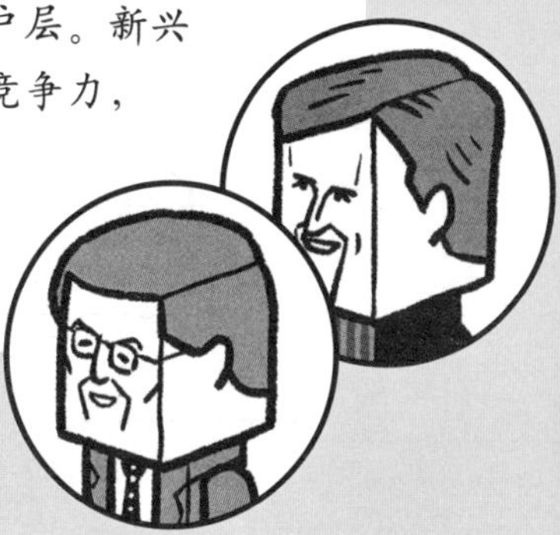

本节战略要点

①企业旧有思考体系会妨碍创新

“制度要求中间管理层在思考市场规模和潜在成长能力之时，需要有可信的数据来支撑。”

②破坏式创新会成为市场的引爆剂

“破坏式创新的目的并非是为既有市场的顾客提供更好的产品。”“业界领先者在持续式创新之战当中，几乎无往不胜。然而在破坏式创新当中，获胜的绝大多数都是新兴企业。”

③胜出的关键在于获得新客户群

“当顾客有需要解决的问题之时，就会四处寻找是否‘能够购买’某个产品或者某项服务，以便解决问题。”“能够锁定顾客需求的企业，就是能够如愿以偿、成功开发出产品的企业。”

本节战略要点1
POINT1

企业旧有思考体系会妨碍创新

阻碍破坏式创新的是企业旧有的思考体系。

在大企业中筛选项目面临压力

有无前例？
市场规模大小？
能否推销给已有客户层？
容易被模仿型创新拽着走！

行业领袖容易遭遇的陷阱（动机不对称）

是机会，也易于参与。
低端市场没甜头。
风投企业
破坏者喜欢新市场。
破坏者喜欢低端市场。
风投企业
机遇来了！从低端产品做起，然后反转！
大手
在高端市场销售高端产品获得高利润。
穷途末路
去这边！高端市场更有吸引力。

实战

如果走高价格、高品质产品的道路，最后可能会走向穷途末路。因此，对新兴市场和低端市场予以关注也十分必要。

破坏式创新会成为市场的引爆剂

“3种途径”成为成长型企业。

持续创新	低端型破坏式创新	新市场型破坏式创新
要求严格，满足顾客的需求，提升产品性能。	低端市场产品，性能足以满足顾客的需求。	一向不根据价格、技术等因素进行购买的消费市场。

高端市场富有吸引力
却有可能走到尽头！
2种破坏式创新有望给市场
带来长期变化！

实战

销量的增加可以提高低价格、低端市场产品的性能，有可能转变成一场波及整个市场的创新浪潮。

本节战略要点3 POINT3

胜出的关键在于获得新客户群

关注顾客想要解决的问题！

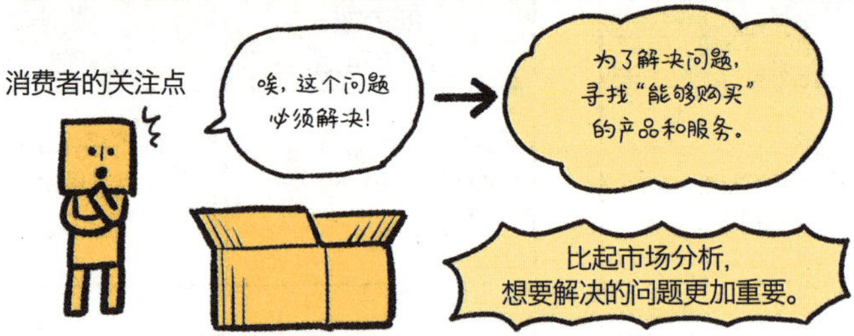
消费者的关注点
唉，这个问题必须解决！
为了解决问题，寻找“能够购买”的产品和服务。
比起市场分析，想要解决的问题更加重要。

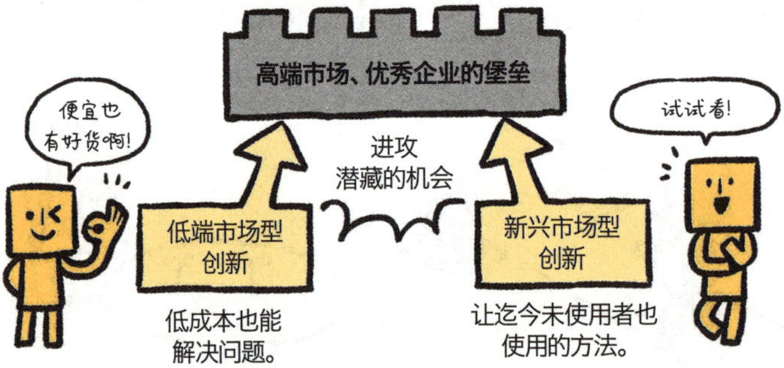
高端市场、优秀企业的堡垒
便宜也有好货啊！
试试看！
进攻潜藏的机会
低端市场型创新
新兴市场型创新
低成本也能解决问题。
让迄今未使用者也使用的方法。

实战

顾客并非只愿意购买某种特定的产品，而是希望获得解决复杂问题的工具。如果有其他产品可以满足其需求，顾客的选择就会发生转变。

专栏

创新就是爆发力

说到我们熟知的
创新者……
史蒂夫·乔布斯作为一个『离谱的经营者』十分有名。
又搞砸了★
明天之前必须重做❤
明天!开什么玩笑?
明天!?
想法会敲1000次大门
创新就是对1000件事情说“不”。
呵呵呵呵……!
不断开发出外观精美、功能强大苹果产品的乔布斯。
MacBook
iPad
iPhone
他将诸多行业的商业模式糅合进了电脑界!
的确是创新!!
影视界
时尚奢侈品品牌
音乐
数字接收
直销体系
美观的产品
店铺设计
糅合来自其他行业的想法可取吗?
截然不同!
天才范畴
普通人范畴
拿破仑的名言:『最差劲的策略就是胆小』。
当然,余亦为天才!
勇气和胆识是常人与天才的分水岭。

Strategy 26

垄断地位才是收益之源

从0到1

有计划地瞄准小市场，获得垄断性利润！

理论背景

《从 0 到 1 开启商业与未来的秘密》是由彼得·蒂尔与布莱克·马斯特斯合著。本书的雏形为蒂尔 2012 年在斯坦福大学教的创业课程。他传递给学生们的信息是：在传统行业之外，还存在其他巨大可能性。后经本人修改，集结成书。

思想开创者

彼得·蒂尔于 1998 年创业，提供 PayPal 这一结算服务。2002 年将其以 15 亿美元的价格卖给 eBay。他作为世界性的投资家广为人知，也是 Facebook（脸书）的早期外部投资者。主要投资方向为先端的新兴行业。

内容

《从 0 到 1 开启商业与未来的秘密》共由 14 章组成。第 1 章《未来的挑战》、第 4 章《竞争意识》、第 5 章《后发优势》、第 10 章《帮派力学》、第 14 章《创始人的悖论》等。

问题

在无数开始起步的企业当中，
为什么只有极少一部分获得了巨大成功？

答案

一开始瞄准小市场，在成功“独占”市场，获得利润之后，再扩大市场。想要获得巨大成功，此战略不可或缺！

本节战略要点

①“独占”才能获得巨额收益

“没有企业能够在安全竞争下长期产生收益。”“要想创造可持续性价值，且为己所有，就不能经营无法差异化的生活必需品。”

②垄断型企业具有 4 个特征

“1. 拥有重要且未公开的卓越技术。”“2. 互联网效果。”“3. 企业机制能够实现规模经济原理。”“4. 擅长品牌营销。”

③“先垄断市场，再扩张”才是根本

“预先学习如何收尾至关重要。”“就算你早就入场，但如果你的位置被竞争对手夺去，结果也毫无意义。”“在某个特定市场存活下来，最后做大做强。如此一来，在之后的几年、几十年都可以坐享其成了。”

本节战略要点1
POINT1

"独占"才能获得巨额收益

收益并非来自竞争，
而是来自垄断。

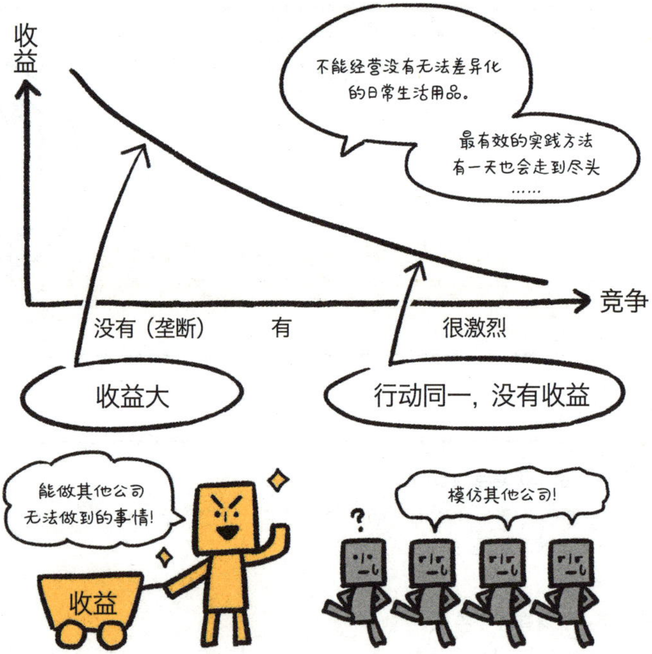

收益
竞争
不能经营没有无法差异化的日常生活用品。
最有效的实践方法有一天也会走到尽头……
没有（垄断）
有
很激烈
收益大
行动同一，没有收益
能做其他公司无法做到的事情!
收益
模仿其他公司!

实战

不能因其简单，就去做人人都可以上手的项目。实际上，收益往往来自独占、垄断。

垄断型企业具有4个特征

垄断企业有4个特征。

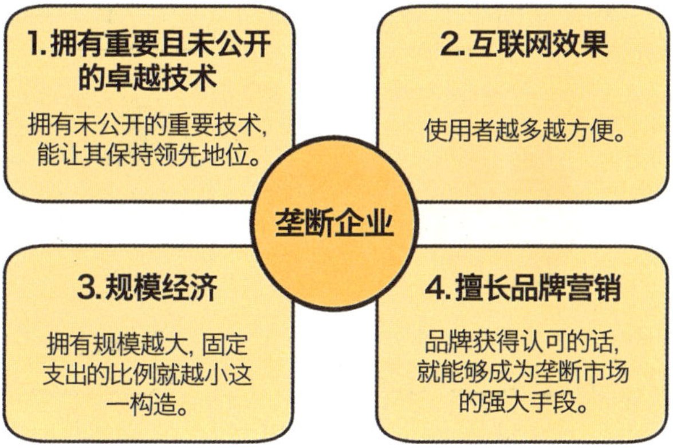
垄断企业
1.拥有重要且未公开的卓越技术
拥有未公开的重要技术，能让其保持领先地位。
2.互联网效果
使用者越多越方便。
3.规模经济
拥有规模越大，固定支出的比例就越小这一构造。
4.擅长品牌营销
品牌获得认可的话，就能够成为垄断市场的强大手段。

要成为有价值的企业，
不光要能够成长，
还要能够存活下去。

实战

有效占据垄断地位的企业有 4 个基本特征。
它们是高利润、高成长的基础。

本节战略要点3
POINT3

“先垄断市场，再扩张”才是根本

企业要想获得成长，
首先要垄断小市场。

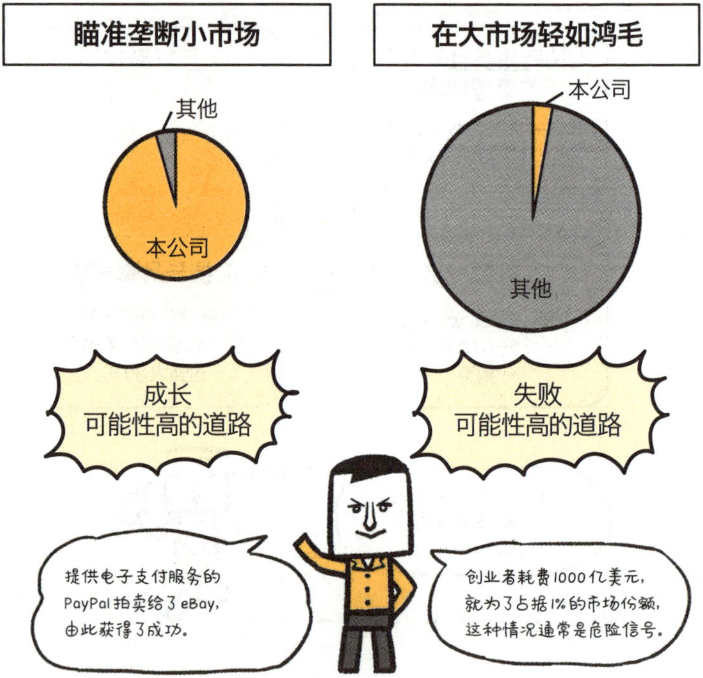

瞄准垄断小市场
其他
本公司
在大市场轻如鸿毛
本公司
其他
成长
可能性高的道路
失败
可能性高的道路
提供电子支付服务的PayPal拍卖给了eBay，由此获得了成功。
创业者耗费1000亿美元，就为了占据1%的市场份额，这种情况通常是危险信号。

实战

任何企业都不可能在创业伊始，就垄断某个巨大的市场。如果能瞄准并垄断某个小市场，就有望在不久的将来，扩大自己的市场占率。

通过创新，
改变市场吧！

Strategy

第7章

IT时代的战略

伴随着技术的发展，主宰市场的人群也发生了巨变。其中，既有战略，又有IT技术的企业成为备受瞩目的焦点。本章将介绍新时代的“最新战略”。

Strategy 27

“深化”和“探索”并行方能催生繁荣

双管齐下式经营

“深化”和“探索”同时进行!

理论背景

“针对成功企业的改革为何十分困难？”这正是欧莱利等人提出的疑问。《双管齐下式经营》正是围绕这一问题给出的精辟解答。面对变化，领导者应该如何采取行动？书中给出了诸多事例与具体的观察。

思想开创者

《双管齐下式经营》由查尔斯·A. 欧莱利和迈克尔·L. 图什曼合著。欧莱利为斯坦福大学经营研究生院的教授，图什曼则是哈佛商业学校的教授。二者皆在商业界拥有十分丰富的商业咨询经验。

内容

《双管齐下式经营》大致由3章构成。第1章《基础篇——在破坏当中发挥领导作用》、第2章《双管齐下式经营实践——解决创新窘境》、第3章《腾飞——将双管齐下式经营贯彻到底》。

问题

成熟的组织能否驾驭新时代的变化?

答案

“深化”与“探索”双管齐下的话，就有这个可能。
如果能将组织里的已有资源注入进新项目且对其不形成妨碍，就可以胜出！

本节战略要点

①因袭旧有想法导致失败

“不能为了胜出，就将重磅炸弹投入逐渐丧失重要性的游戏当中，要看穿这种情况。”“因为一味执着于胶卷、照片，其结果是没能从一个衰退的市场中全身而退。”

②企业内部风投公司应灵活使用大企业的资源

“双管齐下式经营真正的优势在于，没有新入场者参与竞争；或者说，企业内部风投公司有现成的资产和组织能力可供使用，拥有一个有利的起点。”

③依靠“企业文化”，而非领导者一人

“企业内部风投公司能够动用大组织的资源，获得竞争优势。”“管理新项目与成熟项目之间的端口，解决二者之间必然会有的矛盾。”“让风投项目从大组织中分离出来。”风投的成果并非按部就班的结果，而是人努力的结果（其弱点）。

本节战略要点1
POINT1

因袭旧有想法导致失败

成功的企业会落入成功陷阱。

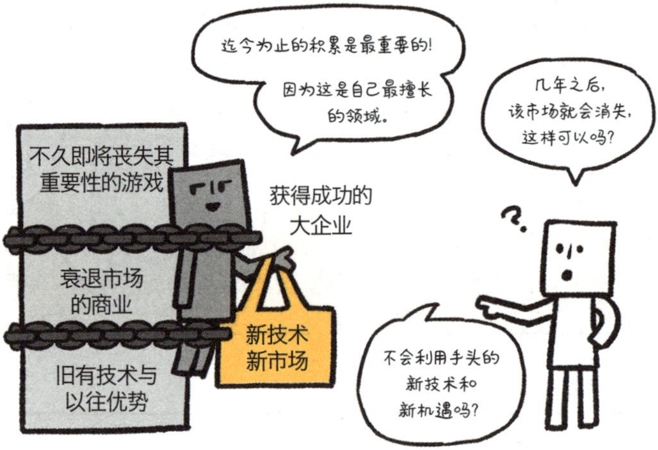

迄今为止的积累是最重要的!
因为这是自己最擅长的领域。
几年之后，该市场就会消失，这样可以吗？
不久即将丧失其重要性的游戏
获得成功的大企业
衰退市场的商业
新技术
新市场
旧有技术与以往优势
不会利用手头的新技术和新机遇吗？

无法丢掉成功这一包袱的企业，容易囿于旧有想法，错过成长机会。

实战

已获成功的企业因为过去战绩辉煌，往往容易囿于已有商业经营模式。其结果就是白白浪费机会，企业节节败退。

企业内部风投公司应灵活使用大企业的资源

双管齐下式经营的真正优势在于可以活用已有资源。

错误的双管齐下

咦？没有了大企业的资源就变得不堪一击。
没什么好怕的。
单枪匹马的，麻烦大了！
你自己试试看？
营业能力
技术力量
资金力量
其他企业
企业内风投公司
大企业
庞大的资源

正确的双管齐下

面对新的机遇，调整自身，让公司的资源发挥最大作用。
营业能力
技术力量
资金力量
哇！公司有大企业背景！
不赶快跑，会死得很难看！
大企业
庞大的资源
企业内风投公司
其他企业

实战

双管齐下式的经营会同时兼顾到深化和探索两个方面。不过，其真正的优势在于可以最大限度运用大企业的资源。

本节战略要点3 POINT3

依靠“企业文化”，而非领导者一人

双管齐下式经营的“3个优势”“1个缺点”

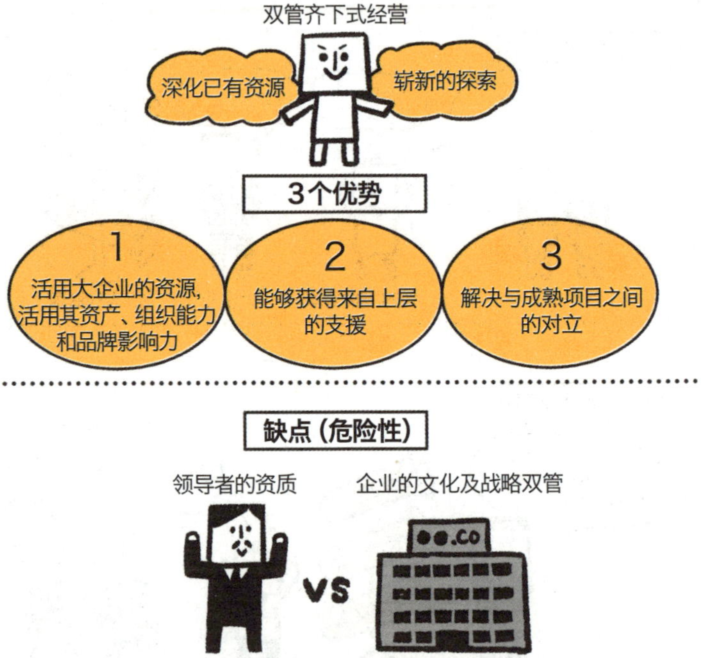

双管齐下式经营
深化已有资源
崭新的探索
3个优势
1
活用大企业的资源，活用其资产、组织能力和品牌影响力
2
能够获得来自上层的支援
3
解决与成熟项目之间的对立
缺点（危险性）
领导者的资质
企业的文化及战略双管
VS
●●.CO

双管齐下式经营容易被认为是依靠领导者的个人能力。

实战

在双管齐下式的经营当中，对公司内部资源进行战略性调整的能力，往往被视作需取决于领导者的个人能力。

Strategy

28

借力前所未有的商业模式，猛追快赶

平台革命

商业社会中前所未有的成长能力和破坏力！

思想开创者

著作《平台革命》是由美国MIT（麻省理工学院）的3名研究者（杰奥夫雷·G.帕克、马歇尔·W.范·埃尔斯泰恩、桑基特·保罗·邱达利）合著。桑基特是麻省理工学院媒体实验室平台战略组织联合主席。其他2人则是MIT数码经济提案权的客座研究员。

内容

本书由12章构成，其中荟萃了该领域最前沿的研究者的真知灼见。

理论背景

本书针对商业平台这一蕴含着超越、破坏以往商业模式的成长性进行了论述，并针对其构造进行了详细说明。此外，还针对驱使平台商务突飞猛进的原因，以及面临竞争之时的对策等问题进行了阐述，内容富有战略性和实用性。

问题

想要获得远超以往商业式的成长！

答案

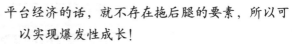

平台经济的话，就不存在拖后腿的要素，所以可以实现爆发性成长！

本节战略要点

①通过“4 种形式”产出价值

“由于平台能够有效大规模化且没有门槛，所以能够完败渠道销售。”“将以往未利用的潜在供给能力，化为资源，加以活用，最大限度地派上用场。”

②让成长加速的“协同效应”

“Uber(优步)的话，是由双向市场构成的。即顾客寻找司机的同时，司机也在寻找顾客。”

③受到平台的冲击，产业破坏今后也会持续

“几位作者在研究因平台经济引发产业破坏的过程当中，开始注意到那些特别容易受到影响的产业的特征。”其中包括“信息集中型产业”“无法灵活调整的、有门槛的企业”“极度分散的产业”“有着信息过度不对称的产业”。

通过“4种形式”产出价值

平台产出的4种价值形态，
让潜在的供给能力成为实际供给源。

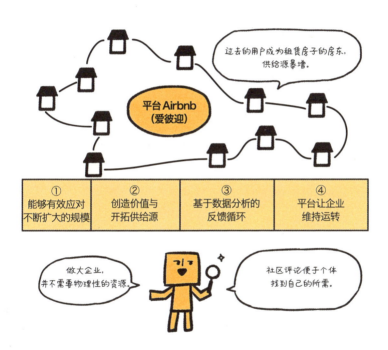

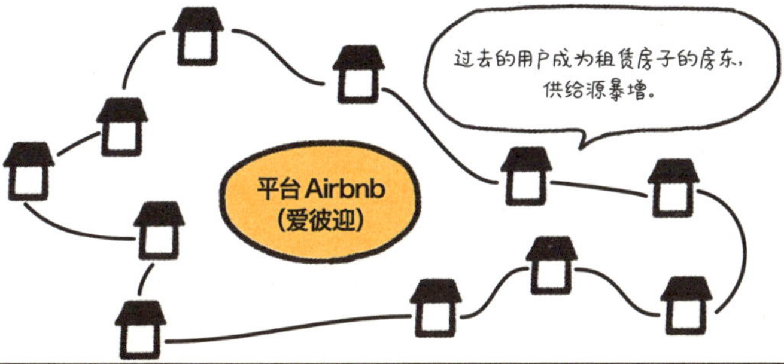
过去的用户成为租赁房子的房东，
供给源暴增。
平台 Airbnb
（爱彼迎）

①	②	③	④
能够有效应对不断扩大的规模	创造价值与开拓供给源	基于数据分析的反馈循环	平台让企业维持运转

做大企业，
并不需要物理性的资源。
社区评论便于个体
找到自己的所需。

实战

平台具有容易增加参与者，不需要资本等优势。不依靠物理上的资源，就能够进行扩张，这一优势十分了得。

本节战略要点2
POINT2

让成长加速的“协同效应”

“双向效果”叠加上“网络效应”，
加速催生出下一轮加速。

加速会催生出下一轮加速

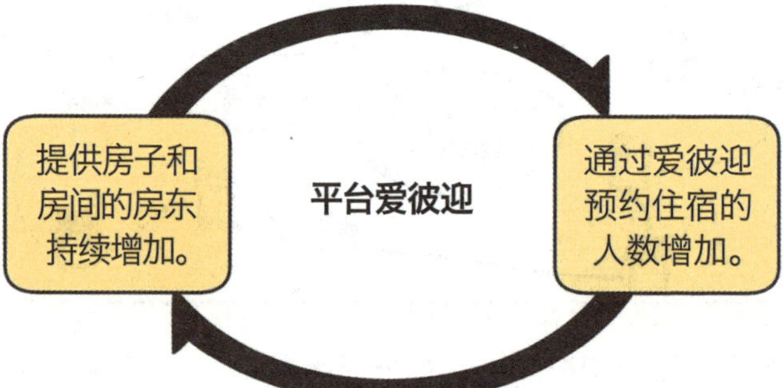
提供房子和房间的房东持续增加。
平台爱彼迎
通过爱彼迎预约住宿的人数增加。

一方增加之后，另一方的吸引力也会增大。
扩大规模只依靠信息，并不需要物理性的资源，所以可以获得加速度式的成长。

实战

利用平台的人数持续增多的话，商户也会增加，如此就可以形成良性循环。这就是“双向·网络效应”。

略要点3
POINT3

受到平台的冲击，产业破坏今后也会持续

Strategy 28

平台革命

由平台引起的下一波产业破坏极有可能来临。

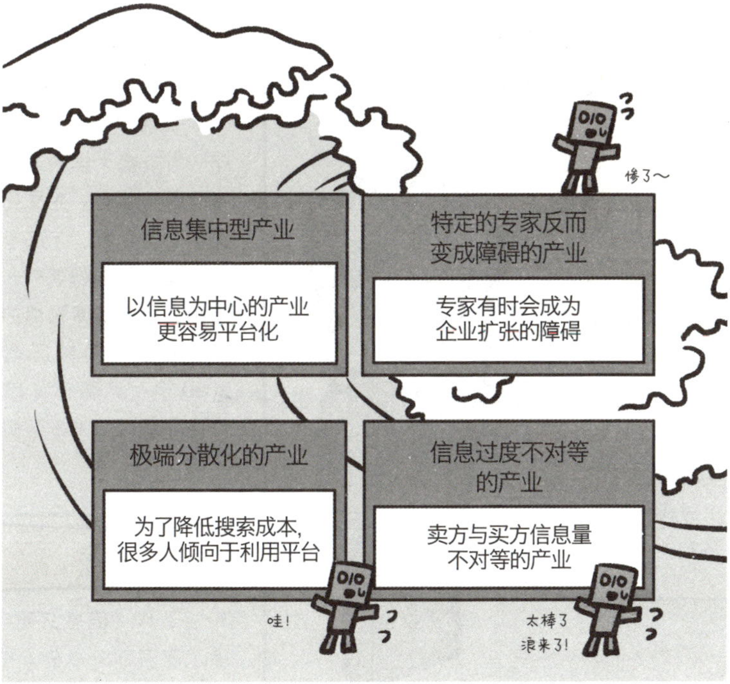

惨了～
信息集中型产业
以信息为中心的产业更容易平台化
特定的专家反而变成障碍的产业
专家有时会成为企业扩张的障碍
极端分散化的产业
为了降低搜索成本，很多人倾向于利用平台
信息过度不对等的产业
卖方与买方信息量不对等的产业
哇！
太棒了浪来了！

实战

平台经济的影响以后也会进一步加深。

诸如信息不对等、信息分散等之前被视作理所当然的现象也会改变。

Strategy

29

新信息的增加改变人的行为模式

信息文明学

“物质”时代将被“信息”时代取而代之。

理论背景

梅棹氏预言道，工业化社会之后，信息化社会就会到来。这种变化是物质世界向精神世界的转换，是作为下一个时代特征的“信息产业”的抬头。

思想开创者

梅棹忠夫生于1920年，为京都大学的名誉教授，理学博士。在文化人类学、信息学、未来学等领域留下了多部著作，也是国立民族学博物馆的第一任馆长。梅棹氏逝于2010年，其著作《信息文明学》于1988年初次出版。

内容

著作《信息文明学》除了前言部分以外，由3部分构成。以下为重要的小标题。第1部分《信息产业论》《精神产业时代的预感》；第2部分《再议信息产业论》《实践信息产业论》；第3部分《信息文明学》《信息的思考学》等。

问题

信息产业、信息化社会指的究竟是什么？
我们应该为此做些什么准备？

答案

大数据这样的信息迄今为止前所未有，它的到来，改变了人的行为模式。这就是信息化社会！

本节战略要点

①信息才是支配人行动的力量

“我们人类通过所获得的信息来决定下一步的行动。信息是会影响人的行动的。这就是信息所包含的实际含义。”

②人通过“物”购买“信息”

“最近，指定要‘某县某农协的腰光米’的人变少了。物流相关人员将此现象称作是农产品的流行化。总之，这意味着信息化或者是信息产业化。”

③新信息层出的时代，人的行动也发生巨变

在根据信息运转的社会里，因为新型信息的诞生，人的行动也会产生巨变。如果创造出新的信息形式的话，就能产生改变社会形态的影响。

本节战略要点1
POINT1

信息才是支配人行动的力量

如果能对人所获取的信息加以掌控，就能够掌控人的行动。

原来如此！
因为有这个信息，
接下来就选C吧！
信息
选择A
选择B
选择C

不过，选择何种信息取决于接收者。

这个毫无意义。
这个很重要！
信息
A

这世界充斥着各种信息，具体接受何种信息，取决于信息接收方。如果信息受到操纵的话，人也会受到影响。

实战

人会根据信息来决定下一步行动。这意味着能够提供有效信息之人可以影响多数消费者。

人通过“物”购买“信息”

在现代社会，“物”被信息化，被购买。

米A
米B
米C
腰光米
农药减量
在信息时代，
即便是农产品，
人们也会根据
信息进行购买。
啊！
想买这种大米！

在信息化社会当中，流通的其实是信息，商品是受其牵制的。

实战

在进行网络购物之时，人接触不到实物，只是根据信息介绍进行购买。因此，人首先购买的是信息，其次才是商品。

本节战略要点3
POINT3

新信息层出的时代，人的行动也发生巨变

前所未有的新信息的出现，
在持续改变人的生活样式。

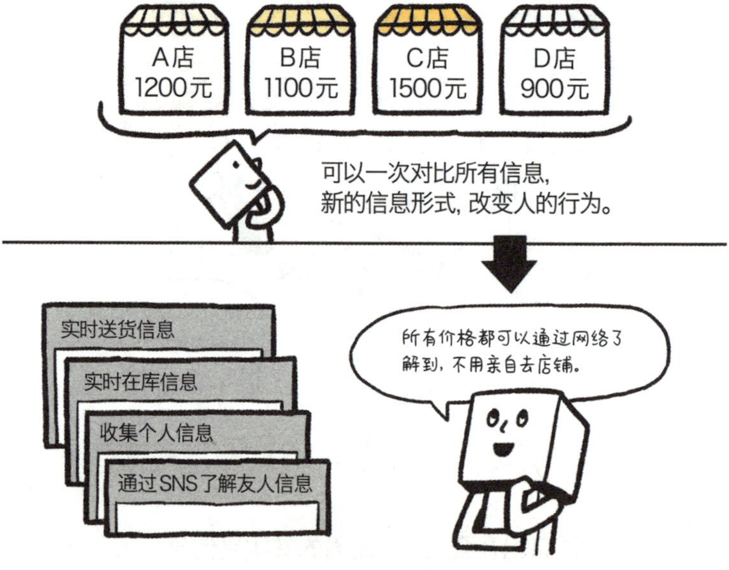
A店 1200元
B店 1100元
C店 1500元
D店 900元
可以一次对比所有信息，
新的信息形式，改变人的行为。
实时送货信息
实时在库信息
收集个人信息
通过SNS了解友人信息
所有价格都可以通过网络了解到，不用亲自去店铺。

信息决定人的行为。
因为，新的信息形式诞生之后，
能够大大改变人的行为。

实战

在现代社会，人的行为之所以产生巨变，是因为新的信息形式不断出现的缘故。新的信息形式会让市场产生巨变。

Strategy 30

"绝对支配力"背后的战略

GAFA

GAFA一开始就看穿了新的世界价值！

思想开创者

斯科特·加洛韦是纽约大学斯特恩经营研究生院的教授。作为一个不断创业之人，曾经创建过9家公司，并曾在《纽约时报》、捷威电脑公司任职，其作为大学教授，也有着世界性的声誉。

内容

《互联网四大：四骑士重建世界》共由11章构成。第1章至第5章的内容是针对四大互联网公司进行的分析；从第6章开始到第8章，则找出了四大互联网公司之间的共同点；从第9章开始，内容主要是预测四大互联网公司之后，世界将何去何从。

理论背景

《互联网四大：四骑士重建世界》的著者，针对被神话的4家企业GAFA(谷歌、苹果、脸书、亚马逊)的全貌进行了多角度的分析和叙述。另外，书中也提出了警告：由于4企业所拥有的庞大支配力，这些新技术也有可能会带来恶果，即让社会两极分化，让社会变异成由垄断寡头和弱小大众构成的社会。

问题

“互联网四大（GAFA）”的支配力甚是了得……
为什么这 4 家企业能够发挥出绝对的支配能力？

答案

互联网四大在绝佳的时间点上，洞悉了逐渐占据支配地位的力学的真谛！

本节战略要点

①无法用普通的成功法则加以诠释

“亚马逊兴盛的原因在于诉诸了本能的力量。另一个原因则在于它的‘故事’简单、明了。”“公司从技术型企业转为高级品牌公司，乔布斯的这一决定，是商业史上极其重要的篇章，同时创造了价值，极具胆识。”

②成为“支配者”而非创新者

“某些业界的先锋常会背部受敌。互联网四大为后发制人。他们是从先行者的累累错误当中收集信息，从错误中学习，然后进行资产购买，继而抢夺顾客，让企业成长起来。”

③支撑互联网四大成功的“8 种遗传基因”

“1. 商品的差异化”“2. 投资愿景”“3. 世界性扩张”“4. 好感度”“5. 垂直统合”“6.AI”“7. 为履历镀金”“8. 地利”。这 8 大要素成为其成功的有力支撑。

无法用普通的成功法则加以诠释

拥有出人意料的成功要素
一般的成功法则不能解释GAFA。

亚马逊
用书评代替广告。
收集东西是人性本能。
支付低利息，就可以支配巨额资金。
苹果
以直销方式进行销售，顾客体验提升销售。
市场定位为高级品牌，凸显其对异性的魅力。
脸书
用户越多，价值越大。
与他人产生联系，是人类的根本需求。
主张其并非媒体，而是平台。
个人信息这一燃油。
谷歌
重视信任的市场营销。
对信息敏感之人的特征。
带着击败微软这一强大意志的埃里克·施密特就任CEO。
GAFA的成功并非建立在普通的成功法则之上，而是另辟蹊径，收获了成功！

实战

互联网四大的成功理由出人意料，每家公司都创造出了其独一无二的价值。

本节战略要点2
POINT2

成为“支配者”而非创新者

GAFA并非早期创新者？

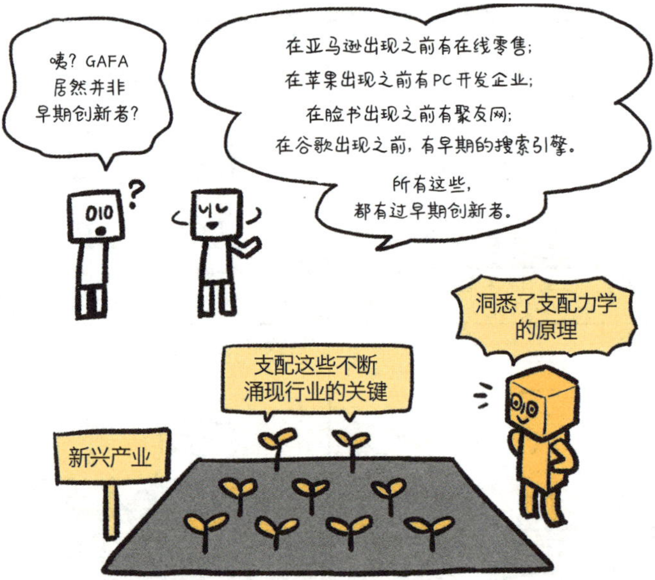

咦？GAFA
居然并非
早期创新者？
在亚马逊出现之前有在线零售；
在苹果出现之前有PC开发企业；
在脸书出现之前有聚友网；
在谷歌出现之前，有早期的搜索引擎。
所有这些，
都有过早期创新者。
洞悉了支配力学
的原理
支配这些不断
涌现行业的关键
新兴产业

大赢家GAFA（互联网四大）并非第一个创新者，而是后来者，但他们是一开始就洞悉了“支配的力学”的人。

实战

想要成功的话，并没有必要成为创新者，而是要能够观察到即将来临的大浪潮的蛛丝马迹，且先人一步，洞悉到支配的力学原理。

要点3 POINT3

Strategy 30 GAFA

支撑互联网四大成功的“8种遗传基因”

互联网四大之间有着共同的“8个要素”。

GAFA 夺霸的8个要素
① 商品的差异化
② 投资愿景
③ 世界性扩张
④ 好感度
⑤ 垂直统合
⑥ AI
⑦ 为履历镀金
⑧ 地利
⑧“地利”指的是
超一流的人才会集的场所吗?
是。在过去10年里，现市值总额增至几百亿美元的企业的位置都在拥有世界性技术的工科类大学附近。

实战

能够获得巨大成功的企业有8个共同要素。

Strategy

第8章

战争史

在纷繁复杂的“战争史”当中，诞生过诸多名将，也产生过卓越非凡的战略。

本章将追溯战争史上的“伟大战役”，并就其中的战略进行逐一解析。

Strategy

31

充满理想的现实主义者，渴求技术几近痴迷

彼得一世

亲自出访，彻底吸收卓越的知识和技术吧！

理论背景

彼得一世在 1682 年以 10 岁的幼龄即位，却因其同父异母的姐姐发起政变，一时丧失权力。在半幽禁的生活当中，从外国军人那里学得知识，10 岁起就持续进行军队模拟战，因此得以提升军事才能。在其旺盛的求知欲的推动下，还在本国推进了改革。

思想开创者

彼得一世出生于 1672 年，为俄罗斯的初代皇帝。在与瑞典的卡尔十二世的大北方战争当中，获得了最后的胜利。对于文化、技术好奇心极其强烈，施行改革，并成功让俄罗斯步入强国之列。据说其身高超过 2 米。

内容

求知欲极其旺盛，对军事、科学方面的知识如饥似渴。其姐发动政变以及在与瑞典的初战中受挫，败给了神童卡尔十二世等经历，迫使他早早就品尝到了“屈辱和失败”，同时也让他懂得必须尊重“现实主义”。

问题

技术落后、因袭守旧的祖国，
如何打败敌对国，夺取胜利呢？

答案

舍弃旧习，更新军事、技术等现实性工具。再就是亲自选拔优秀人才，扩大视野，让自己具备获胜的条件！

本节战略要点

①深谙屈辱与失败的滋味，方能蜕变为“真正的胜者”

彼得一世在作战之时，注意避免同时与两国为敌。和他相比，被称作神童的瑞典的卡尔十二世从 18 岁开始就指挥战争，因其屡屡获胜，对于树敌过多一事也毫不在意，结果后半生陷入困境，最终惨遭暗杀。

②视野广阔，能够洞悉新时代“胜者的条件”

彼得一世之所以能够战胜北方强国瑞典，缘于创建了海军。他为了获得最新的造船技术，曾派遣庞大使团出使英国，他本人也曾一道随团出访。在与瑞典开战之前，还结成了反瑞典同盟。

③顶层人物“卓越的行动力”，让计划突飞猛进

彼得一世自 15 岁以后，就开始向外国人街里的军人学习海外最新军事技术，并雇用外国技术人员，见识了最前沿的科学技术。其开明的态度，是推翻其姐统治的决定性原因。

本节战略要点1

POINT1

深谙屈辱与失败的滋味，方能蜕变为“真正的胜者”

彼得一世在早期体验过屈辱与失败的滋味之后，开始看重现实力量对比。

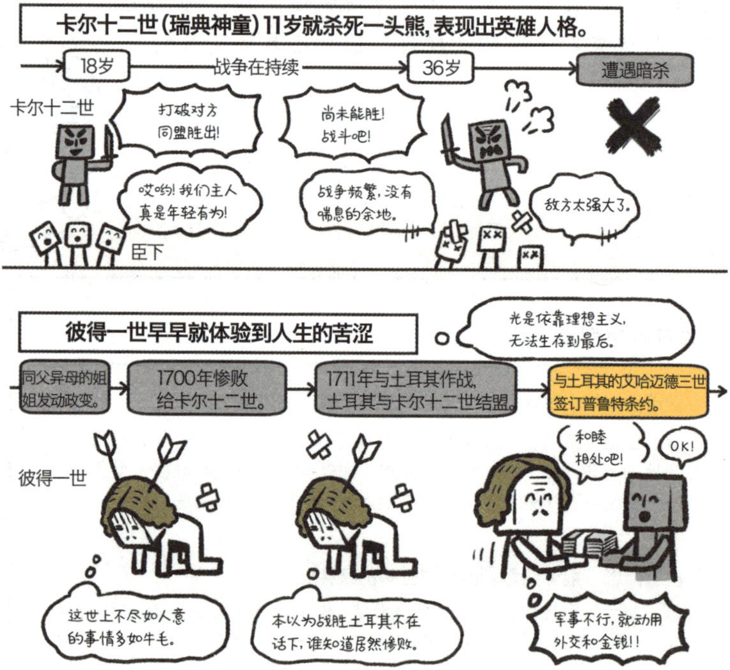

卡尔十二世（瑞典神童）11岁就杀死一头熊，表现出英雄人格。
18岁
战争在持续
36岁
遭遇暗杀
卡尔十二世
打破对方
同盟胜出!
尚未能胜!
战斗吧!
哎哟！我们主人
真是年轻有为!
战争频繁，没有
喘息的余地。
敌方太强大了。
臣下
彼得一世早早就体验到人生的苦涩
光是依靠理想主义，
无法生存到最后。
同父异母的姐姐发动政变。
1700年惨败给卡尔十二世。
1711年与土耳其作战，土耳其与卡尔十二世结盟。
与土耳其的艾哈迈德三世签订普鲁特条约。
彼得一世
和睦
相处吧!
OK!
这世上不尽如人意
的事情多如牛毛。
本以为战胜土耳其不在
话下，谁知道居然惨败。
军事不行，就动用
外交和金钱!!

实战

早期经历过失败，才会从多方面思考、解决问题。不断沐浴成功荣光之人，面对逆境往往不知所措。

视野广阔，能够洞悉新时代“胜者的条件”

高瞻远瞩，
发现获胜的必要元素。

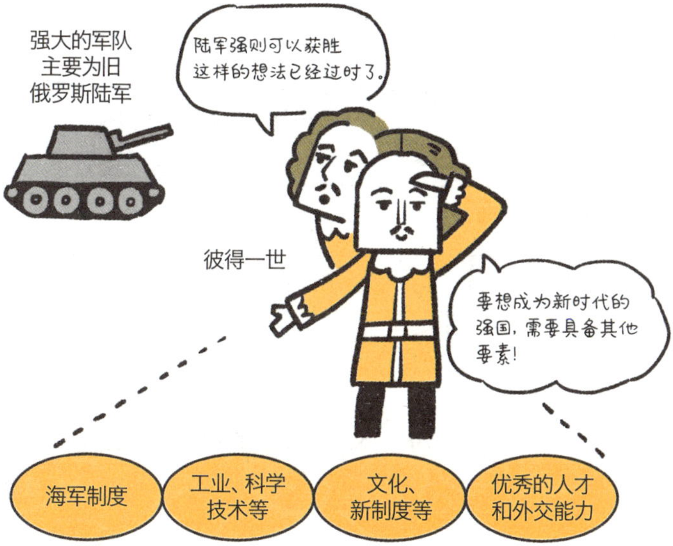
强大的军队
主要为旧
俄罗斯陆军
陆军强则可以获胜
这样的想法已经过时了。
彼得一世
要想成为新时代的
强国，需要具备其他
要素！
海军制度
工业、科学
技术等
文化、
新制度等
优秀的人才
和外交能力

彼得一世视野广阔，
吸收了对于新时代来说必要的知识。

实战

胜利者的条件也会随着新时代的到来产生改变。光是陆军强大是行不通的。这一高瞻远瞩的思想让俄罗斯获得了飞跃性发展。

本节战略要点3
POINT 3

顶层人物“卓越的行动力”让计划突飞猛进

不管是军事、科学技术还是文化等，只要有想要学习的事物，彼得一世都身先士卒。

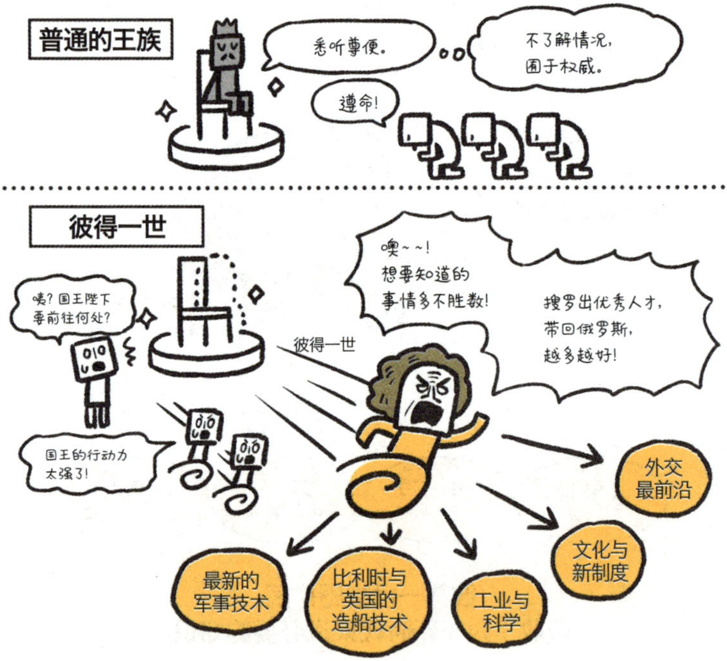

普通的王族
悉听尊便。
不了解情况，困于权威。
遵命！
彼得一世
咦？国王陛下要前往何处？
噢~~！想要知道的事情多不胜数！
搜罗出优秀人才，带回俄罗斯，越多越好！
彼得一世
国王的行动力太强了！
外交最前沿
文化与新制度
最新的军事技术
比利时与英国的造船技术
工业与科学

实战

一国之君不镇守宝座，为了求知，却亲临现场，亲自求证。正是这种求知若渴的精神和行动，让革新大获成功。

不断出击，找出敌方疏漏，集中火力攻击！

Strategy 32

拿破仑·波拿巴

“最糟糕的策略”是“胆小”！

思想开创者

拿破仑·波拿巴于1769年出生于科西嘉岛。他作为炮兵军官开始军旅生涯，在法国大革命与之后的战争中发挥出卓越的军事才干。1804年加冕为法国皇帝。

内容

在拿破仑留下的名言当中，陈述了集中火力、突然袭击、勇猛果敢的重要性。让军队快速行动，找出敌方的疏漏，以此为突破口击败全军，是拿破仑的基本战略。

理论背景

在1789年法国革命之后，因为王权在法国垮台，法国与周边的王权制国家产生了冲突。由于法国被维持旧有体制的势力重重包围，为了捍卫法国的独立，拥有反转劣势之战略的人物——拿破仑就脱颖而出。

问题

自己的军队依然弱小。
敌方的大军却从四面八方进攻过来，
该如何迎战？

答案

让军队拥有“主人公意识”，建立起能够自主快速行动的独立组织，让它们平行采取军事行动。

本节战略要点

①“主人翁意识”打造出最强兵团

不是国王花钱雇来的雇佣军，而是法国人自己出于“为了祖国而战”这一动机，抱着必死的决心，奔赴战场。由此一直保持着士气高扬。

②能够自主采取行动的军团制度的威力

通过全国征兵制度创建军队，采用能够灵活自主行动的军团制度，从而产生出有效、自主的战斗力，能够应付拉长战线的战斗。

③常处机动作战当中，攻击敌方的疏漏之处

在有名的奥斯特里茨会战（1805 年）当中，故意向布阵于高地的敌方露出我方弱点，诱敌深入，在敌人采取行动之际找出其疏漏进行攻击，最终获得胜利。

“主人翁意识”打造出最强兵团

法国大革命让整个民族的“主人翁意识”高涨，由此夺取了胜利。

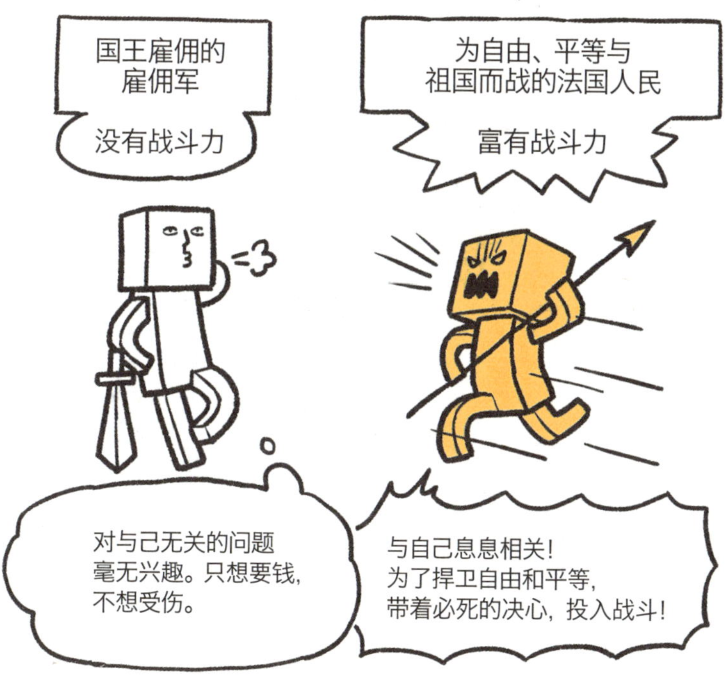
国王雇佣的
雇佣军
没有战斗力
为自由、平等与
祖国而战的法国人民
富有战斗力
对与己无关的问题
毫无兴趣。只想要钱，
不想受伤。
与自己息息相关！
为了捍卫自由和平等，
带着必死的决心，投入战斗！

实战

参与者的主人翁意识决定整个组织的命运。要让人拥有主人翁意识，提出有效的理念至关重要。

本节战略要点2

POINT2

能够自主采取行动的军团制度的威力

“全国征兵制度”叠加军团制度的机动性与自主性，打造出强大的军队。

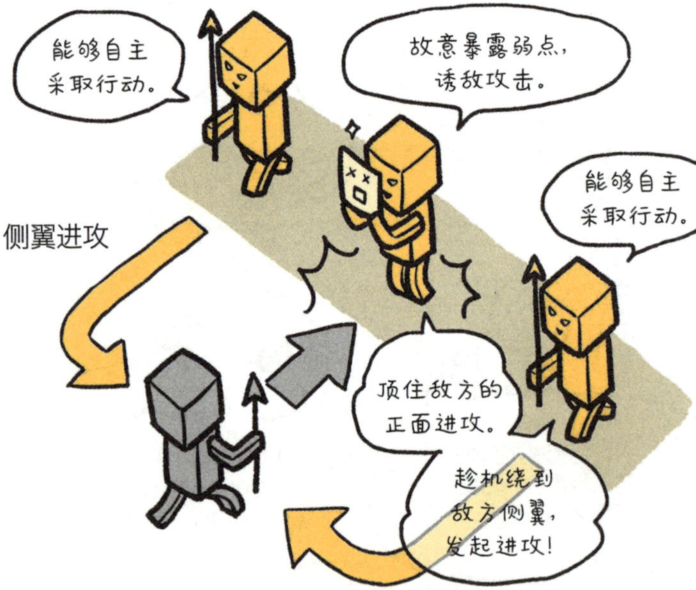

能够自主采取行动。
故意暴露弱点，诱敌攻击。
能够自主采取行动。
侧翼进攻
顶住敌方的正面进攻。
趁机绕到敌方侧翼，发起进攻！

实战

集团越是庞大，每个小组就越需要自主性。需要预先设计出能够让每个小组自行判断，采取行动的机制。

常处机动作战当中，攻击敌方的疏漏之处

保持“机动状态”而非静止状态，让对方出现纰漏。

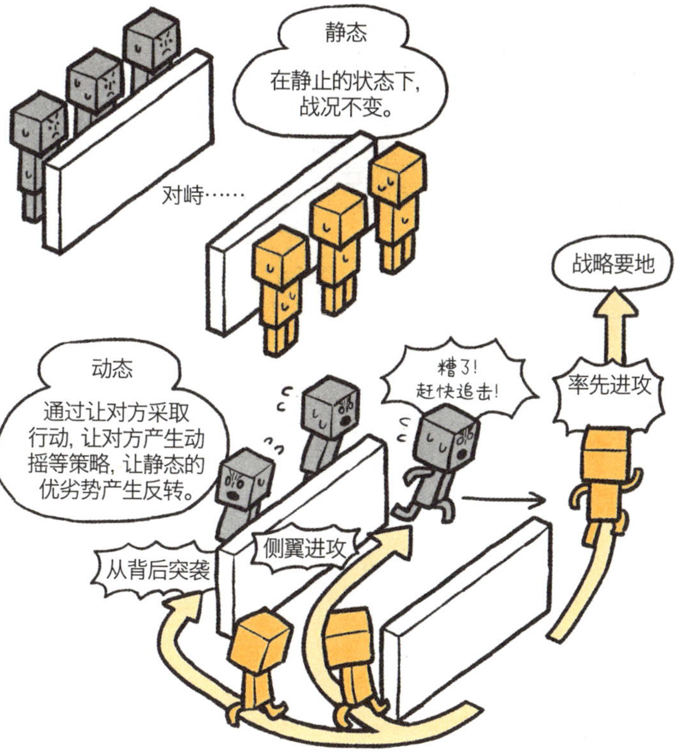
静态
在静止的状态下，战况不变。
对峙……
战略要地
动态
通过让对方采取行动，让对方产生动摇等策略，让静态的优劣势产生反转。
糟了！赶快追击！
率先进攻
侧翼进攻
从背后突袭

实战

在敌方陷入混乱、犹豫不决之际，自由自在地指挥我方军队，突击敌方的“弱点”。

Strategy

33

消弥对手优势，占据绝对主动权

卡尔·冯·克劳塞维茨

所谓天才，就是“最为卓越的法则本身”。

理论背景

1806年战败的普鲁士王国丧失了半壁江山。为了从法国手中夺回被占领的国土，克劳塞维茨等军人集团对拿破仑的战略进行了彻底研究，并研究出了击败对方的战略。

思想开创者

卡尔·冯·克劳塞维茨于1780年出生于普鲁士。身为军人的他于1806年在与法国的战争中曾成为俘虏，之后开始研究战胜拿破仑的战略。其著作《战争论》在其去世之后，由妻子整理草稿而成。

内容

《战争论》共由8部分组成。从战争的起源开始，详细论述了战斗中的力学，特别是敌我双方的相互作用可能产生的影响等，读后令人感觉其中蕴含瓦解拿破仑新战术的意图。

我是他的拥趸

苏维埃最高领袖
列宁

问题

当竞争对手富有个性或者是有其独有的强项，
且势力极其强大之时，
该如何与之抗衡？

答案

如果敌方只是少数精锐部队的话，可以动用大部队，瓦解对方的优势；如果对方占据地利或者处于强势，导致双方难分胜负之时，应该立刻退兵，不要打持久战。

本节战略要点

①以“多”围攻敌人，打败劲敌

为了战胜具有卓越机动性的拿破仑军队，派遣一支部队深入前线，对敌人穷追不舍，避免被各个击破这一战略。

②破坏“敌方的抵抗能力”

“要想打败敌人，首先要弄清敌方的抵抗能力，再据此增减我方军力。敌方的抵抗力由两个不可切分的要素构成：一是武器装备的强弱；二是意志的强弱。”

③制订出战略计划，让敌方强项无从发挥

拿破仑是拥有显而易见强项的军事领袖。制订出战略计划，让其擅长的战术无从发挥，对于反败为胜来说，是不可或缺的。

本节战略要点1
POINT1

以“多”围攻敌人，打败劲敌

面临劲敌，如果采取单打独斗式的战术，必然以失败告终。此时可运用“包围网”取胜战术。

放弃单打独斗式的战术才能获胜

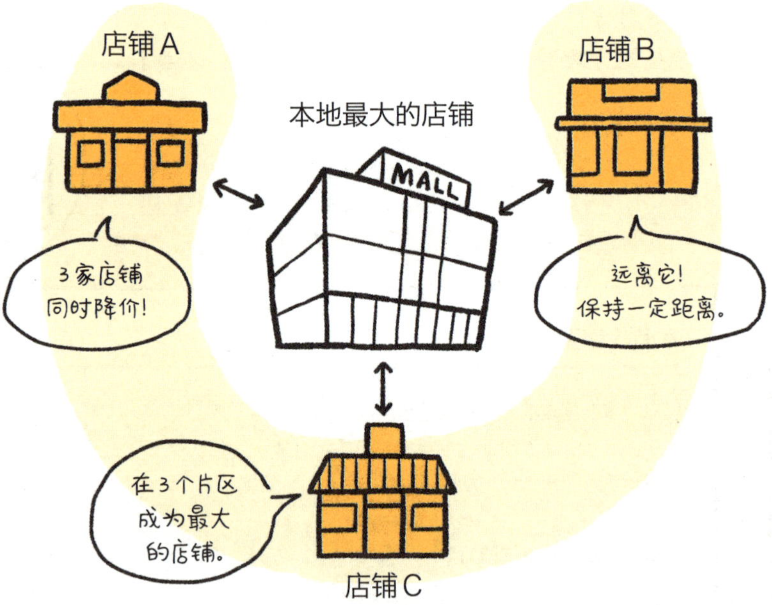

店铺A
本地最大的店铺
店铺B
MALL
3家店铺同时降价！
远离它！保持一定距离。
在3个片区成为最大的店铺。
店铺C

实战

不能单枪匹马挑战强敌。如果在兵力（人数）上胜出对方一筹，能够对对方形成包围圈的话，可以灵活运用组织能力，轻易胜出。

破坏“敌方的抵抗能力”

在琢磨战略之际，要重防守，而非进攻。

敌方选择石头来对抗
↓
我方选择布

敌方选择剪子来对抗
↓
我方选择石头

敌方选择布来对抗
↓
我方选择剪子

让敌人屈服，就能迎来最后的胜利。

高楼
打不赢他们！投降吧……

实战

根据对方的防御方法来决定进攻战略。倘若在开战之前，就让敌方丧失斗志，那就更胜一筹了。

本节战略要点3
POINT3

制订出战略计划，让敌方强项无从发挥

不让对方的优势成为决定性因素，从而获胜。

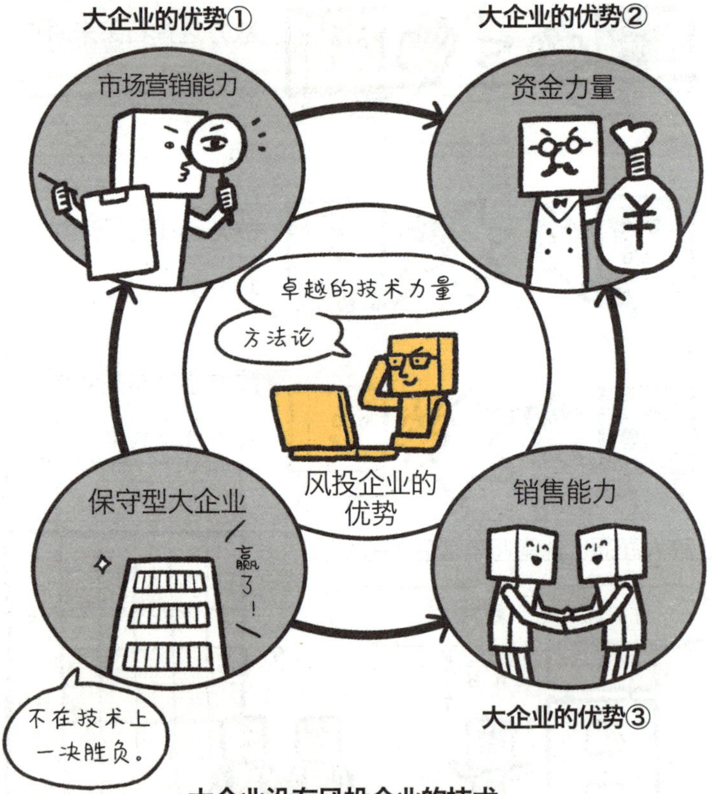
大企业的优势①
市场营销能力
大企业的优势②
资金力量
卓越的技术力量
方法论
风投企业的优势
保守型大企业
赢了！
销售能力
大企业的优势③
不在技术上一决胜负。

大企业没有风投企业的技术，理应通过别的途径获胜。

实战

如果对手拥有十分突出的强项，那就应该重视其他要素，不要让对方的强项成为决定性因素。

Strategy 34

赏罚分明催生超强执行力

美国南北战争

绝对不能让视野狭窄的军人来指挥战争！

思想开创者

亚伯拉罕·林肯于1809年出生于美国。曾担任过律师和参议院议员，1861年成为美利坚合众国的总统。在其就任之后，仅1个月就爆发了南北战争（美国内战）。林肯指挥了这场战争，并于4年之后获胜，不久后死于暗杀。

内容

首先是积极采用了电信这一新技术。其次是不仅针对战斗做出了战略规划，还针对政治、经济等方面做出了对抗的计划。最后是人事安排上注重实际成绩和贯彻执行，不断解任打败仗的将军，与此同时发掘、起用优秀人才，并委以指挥的重任。

理论背景

1861年3月，林肯就任，成为美国第16任总统。一个月后的4月12日爆发了美国内战，开始指挥北军作战。身为美国新总统的林肯由于毫无战绩，受到了内部军方的轻视，结果导致占据优势的北军反而在第一次布尔伦河战役中惨败（同年7月）。林肯就此开始采用新的角度看待战争。

问题

怎样才能让运转缓慢的组织快速运转，夺取胜利？

答案

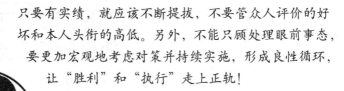

只要有实绩，就应该不断提拔，不要管众人评价的好坏和本人头衔的高低。另外，不能只顾处理眼前事态，要更加宏观地考虑对策并持续实施，形成良性循环，让“胜利”和“执行”走上正轨！

本节战略要点

①将小失败转变成汲取新灵感的机会

通过电信技术，借助民间的力量，传播政治信息，孤立南部。

②战斗不限于主战场，整合周边条件，创造有利条件

早早实施海上封锁，给南部经济以重大打击，在西部地区也开辟出战场。

③毫不犹豫，替换“庸才”

由于林肯缺乏军事经验，一些将军对他的命令置若罔闻。林肯一方面撤换这些将军，另一方面则任命那些有实绩的年轻军官为指挥官，打击敌人。

将小失败转变成汲取新灵感的机会

由于开始阶段的失败体验，开始质疑以往的战略。

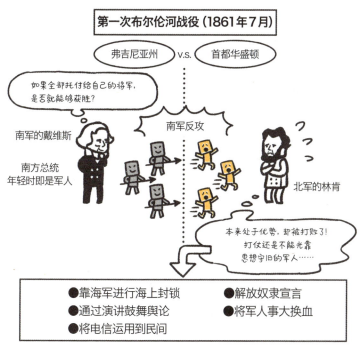

第一次布尔伦河战役（1861年7月）

弗吉尼亚州
v.s.
首都华盛顿
如果全部托付给自己的将军，是否就能够获胜？
南军的戴维斯
南方总统
年轻时即是军人
南军反攻
北军的林肯
本来处于优势，却被打败了！打仗还是不能光靠思想守旧的军人……

- 靠海军进行海上封锁
- 通过演讲鼓舞舆论
- 将电信运用到民间
- 解放奴隶宣言
- 将军人事大换血

这些想法都是经由失败而来！

实战

对于有学习能力的人而言，能够从失败中学习是幸运的。一开始就获得成功之人，往往容易掉以轻心，结果导致失败。

本节战略要点2 POINT2

战斗不限于主战场，整合周边条件，创造有利条件

要有高瞻远瞩的策略，
不能只顾处理眼前事态，应该二者兼顾。

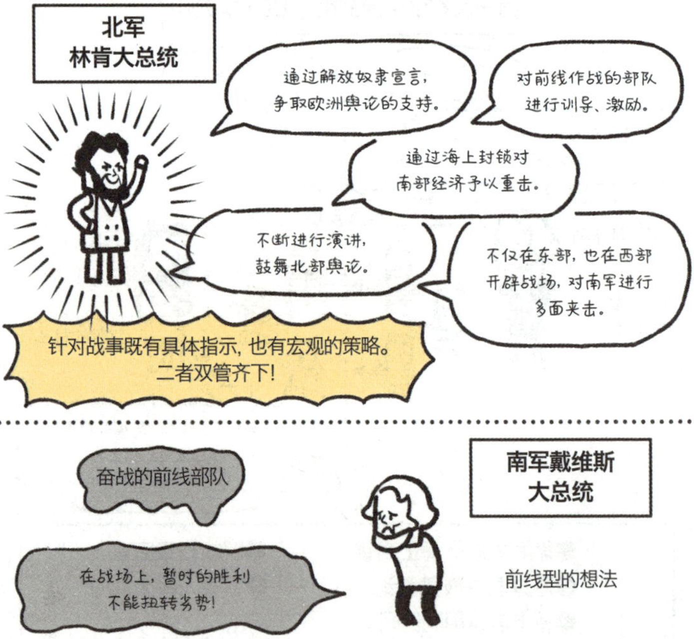

北军
林肯大总统
通过解放奴隶宣言，争取欧洲舆论的支持。
对前线作战的部队进行训导、激励。
通过海上封锁对南部经济予以重击。
不断进行演讲，鼓舞北部舆论。
不仅在东部，也在西部开辟战场，对南军进行多面夹击。
针对战事既有具体指示，也有宏观的策略。二者双管齐下！
奋战的前线部队
南军戴维斯大总统
在战场上，暂时的胜利不能扭转劣势！
前线型的想法

实战

林肯并非只考虑到了战场这一单一要素，而是从方方面面都采取了对策。其中既有针对国际舆论的策略，也有针对一般市民的宣传演讲，其策略滴水不漏。

毫不犹豫，替换“庸才”

**首先让大家一试身手
然后解任打了败仗的将军。**

不管该将军多么有人望评价多么高，没有战绩，就应该替换掉！
授予指挥权，让其发挥才干。
不能迅速采取行动的将军
打败仗的将军
不能英勇作战的将军
迅速采取行动的人才
年轻有才干的人才
有积极性的人才
指挥权
麦克莱伦将军
米德将军
格兰特将军
解任
提拔
精神一怠懈，就遭遇解任！
总统！一定不辜负您的厚望！！

实战

重视“实际战绩”，先让对方一试身手，出不了战绩的话，就提拔有行动力的人取而代之。如此一来，就无人有怨言了。

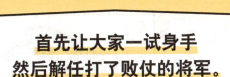

专栏

把“炒了你”当口头禅的总统们

第16任美国总统
亚伯拉罕·林肯
之所以在南北战争中取得胜利是由于有了卓越的指挥能力和……
WINNER!
你被炒了！
啊！
对于无能的将军绝不容忍，立刻解任。
到了现代。
第45任美国总统
唐纳德·特朗普
HAHAHA
在他还是经营者时，就已经参演电视节目，成为了有名的艺人。
You are Fired!
你被炒了！
林肯作为『伟大的总统』留下英名。
至于特朗普，是作为『名君』留名，还是作为『暴君』留名，历史会做出裁决。

Strategy 35

制造对手无法抵抗的局面，
令其无备而战！

利德尔·哈特战略论

“集中火力”攻击敌方弱点，才是战争原则！

思想开创者

巴兹尔·亨利·利德尔·哈特于1895年出生于英国。他曾专攻历史学，并自愿参加陆军，在第一次世界大战中的法国西部战线中负伤，不久成为军事研究家。1954年出版《战略论》。

内容

《战略论》一共由4部分构成。书中分析了从古希腊的战争到现代游击战的战略，凸显出间接作战的有效性。在第3部分中，他分析了希特勒的闪电战与遭遇惨败的原因。在他看来，德军惨败的原因在于沉醉在胜利当中，进而加强了正面攻击的缘故。

理论背景

在第一次世界大战中，有过直接攻击敌人要塞和战壕的经历，由此深刻体会到：攻击敌人准备充足之处，只会损伤惨重，绝无好处。这一体验让他领悟出了“间接战法”。

问题

与竞争对手硬碰硬对决的话，损耗巨大……
如何保存实力，争取胜利？

答案

敌人正面通常戒备森严，要避免从此处攻击敌人。应该攻击敌人防备薄弱的地方，或者用计让对方丧失战斗力。分散敌方兵力，让敌方猜测不到我方的真实意图。

本节战略要点

①开战前的心理战决定胜负

“如何在开战前就让敌人精神产生崩溃？我对这一问题深感兴趣。对于那些有过奔赴前线作战经历的人来说，如果可能的话，是希望避免流血的。”

②无论如何都要瓦解敌人的抵抗力

“战争的真实目的在于降低敌人抵抗的可能性 。”

③不正面迎敌，不断削弱敌方战斗力

“与其试图通过激战来削减敌人的力量，解除敌人的武装来得更加有效。战略家不应该从消灭敌人这一视点来考虑问题，而是从如何麻痹敌人这一视点来考虑问题。”

开战前的心理战决定胜负

在开战之前，就以摧毁敌人的精神为目标。

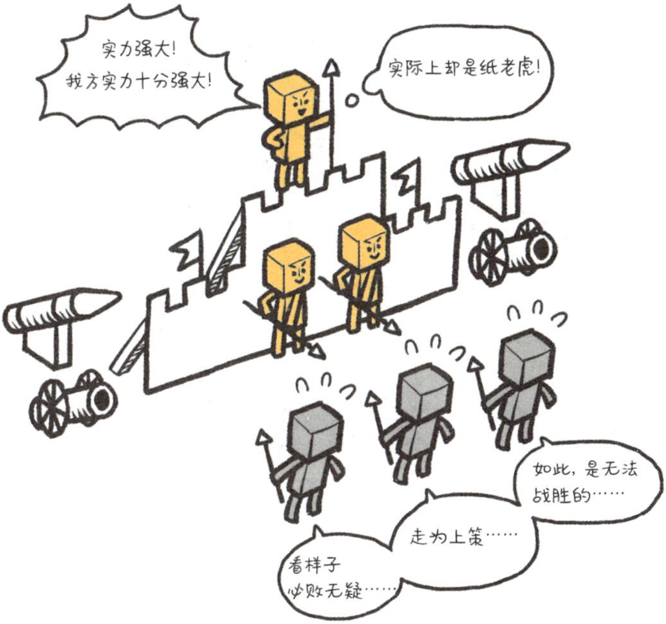
实力强大！
我方实力十分强大！
实际上却是纸老虎！
如此，是无法
战胜的……
走为上策……
看样子
必败无疑……

开战前就以摧毁对方的精神为目标。

实战

倘若能在开战之前就瓦解敌方的军心，打赢心理战的话，就能够在首战中占据优势。

本节战略要点2
POINT2

无论如何都要瓦解敌人的抵抗力

战略的真正目的，
在于减少敌人抵抗的可能性。

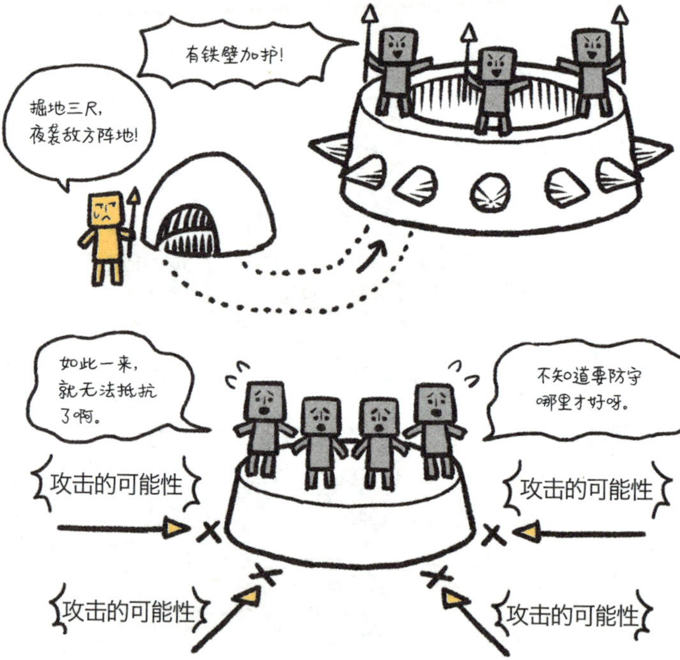
有铁壁加护!
掘地三尺，
夜袭敌方阵地!
如此一来，
就无法抵抗
了啊。
不知道要防守
哪里才好呀。
攻击的可能性
攻击的可能性
攻击的可能性
攻击的可能性

实战

削弱敌方抵抗力，封锁其退路，让每个士兵丧失斗志，如此一来，整个军队也会丧失斗志。

不正面迎敌，不断削弱敌方战斗力

与其通过激战战胜敌人，不如麻痹敌人。

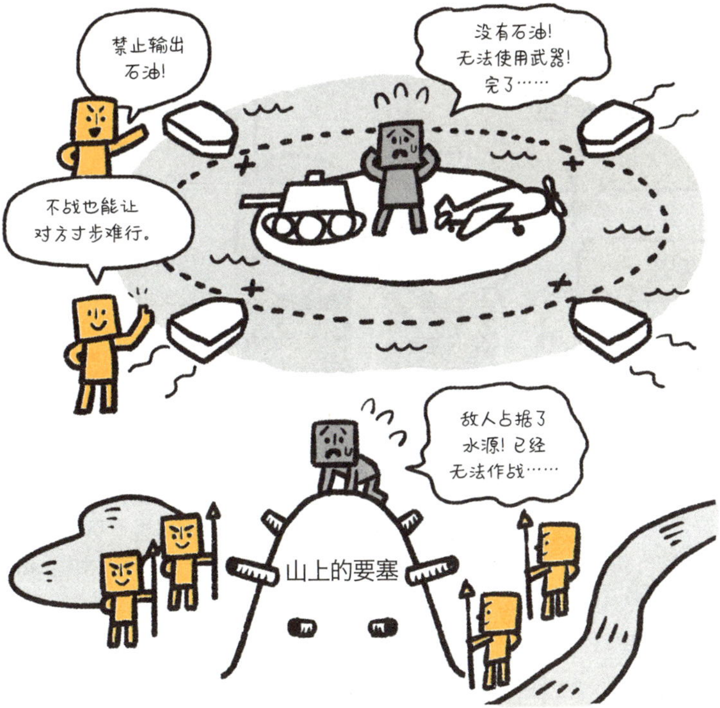
禁止输出
石油!
没有石油!
无法使用武器!
完了……
不战也能让
对方寸步难行。
敌人占据了
水源! 已经
无法作战……
山上的要塞

与其正面作战，不如麻痹敌方，逐步削弱敌方战斗力。

实战

Strategy 36

迅速汲取新技术与新知识，活学活用的日本战略能力

日俄战争

吸收海外先进知识和技术，提高战略能力，挑战大国！

理论背景

从 1904 年 2 月开始持续到 1905 年 9 月的日本与俄罗斯之间的战争（日俄战争）是陆战与海战同时进行的。因为日英同盟其时正处于蜜月期，日本从英国等国家间接获得了支援，并在日本海的海上战役当中，戏剧性地赢得了胜利。

思想开创者

山县有朋氏、大山严氏、山本权兵卫氏、儿玉源太郎氏、东乡平八郎氏等。

戊辰战争中萨长同盟小组以及明治时期作为军人接受精英教育的团体。

内容

当时的俄罗斯是一个军备超出日本数倍、兵力超出 15 倍的大国，然而日本倚靠彻底的现实主义以及对自己的客观认知，获得了这场战争的胜利。不过，被视为代表着“中央集团”的大本营从那时候开始，就能够管窥到导致之后日本惨败的一些体制特征。

问题

弱国能够战胜国力和兵力强大自己数倍的大国吗?

答案

吸收外部先进的东西并加以改良，为己所用。
一连串的革新产生的力量成为夺取胜利的关键!

本节战略要点

①让优秀的年轻人学习海外的知识

东乡平八郎、秋山兄弟还有陆军的诸多人才都曾经在欧洲和全世界潜心学习。他们因此得以一边有意识地开创新的知识体系，一边钻研战略。

②将“理论”型人才与“实践”型人才巧妙组合

由于明治政府是为了推翻江户幕府统治的革命军，所以留有摒弃纸上谈兵，注重实战的遗风。通过任用无学历却身经百战的猛将，在重视第一线的思想指导下组建团队，认清现实，最终获得了巨大胜利。

③人事体制灵活，能够化敌为我方力量

在全日本范围内根据实力选拔人才的做法卓见成效。另外，只因为山县有朋一句“没有长洲人让人感觉寂寞”，乃木将军就出征前线，结果导致军队损失惨重。这样的派阀之分引发的人事弊端也的确存在。

本节战略要点1
POINT1

让优秀的年轻人学习海外的知识

派遣优秀人才到知识体系不同的环境当中，进行学习。

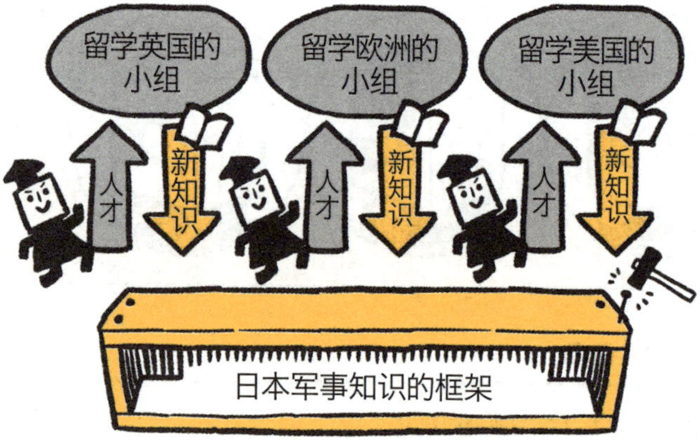

留学英国的小组
留学欧洲的小组
留学美国的小组
人才
新知识
日本军事知识的框架

让优秀人才学习新的知识体系，在日本军人当中播下了创新的种子。

实战

让出类拔萃的人才“浸入”不同的知识体系（国外的知识体系），大量吸收先进知识，迭代更新日本整体的军事知识。

将“理论”型人才与“实践”型人才巧妙组合

拥有实战经验的猛将与
拥有缜密理论的天才，组合之后效果卓越。

极度现实主义加上久经沙场形成的决断能力。

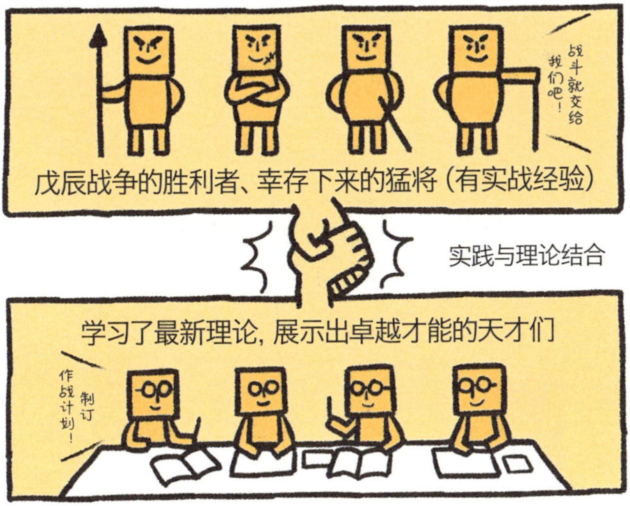
战斗就交给我们吧！
戊辰战争的胜利者、幸存下来的猛将（有实战经验）
实践与理论结合
学习了最新理论，展示出卓越才能的天才们
制订作战计划！

在瞬息万变的战场，纸上谈兵式的天才
往往不能独自发挥作用。

实战

江户时期至明治时期的日本内战连连，诞生了身经百战的将军。他们与习得最新知识技术的理论型年轻天才齐心协力，组建成了强大的团队。

本节战略要点3
POINT3

人事体制灵活，能够化敌为我方力量

驱除派阀之争
彻底重视实力的人事制度威力巨大。

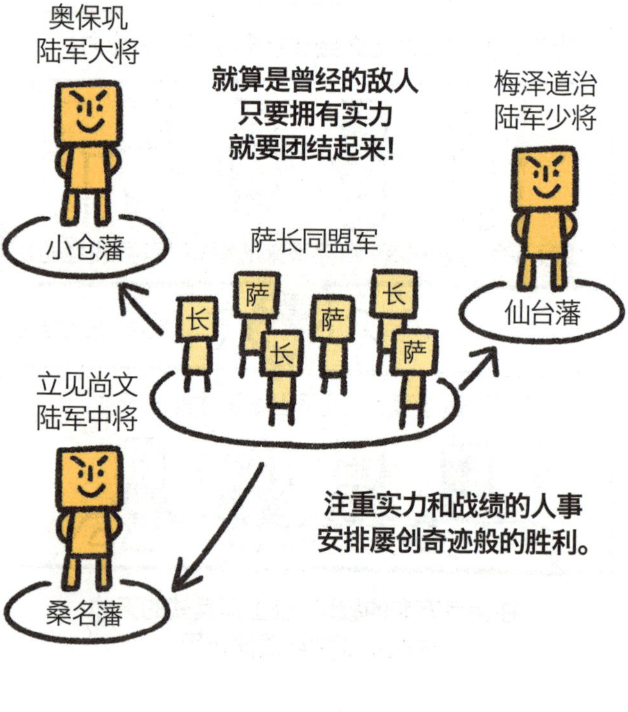

奥保巩
陆军大将
小仓藩
就算是曾经的敌人
只要拥有实力
就要团结起来!
梅泽道治
陆军少将
仙台藩
萨长同盟军
长
萨
长
萨
长
萨
立见尚文
陆军中将
桑名藩
注重实力和战绩的人事
安排屡创奇迹般的胜利。

实战

根据好恶做出的人事安排、组建出来的团队无法拥有强大战斗力。正因为明治政府有容人纳贤的度量，能提拔曾经的敌人，才能最终获取胜利。

■参考、引用文献一览表

第 1 章 古代·中世纪·近代的竞争战略

◆ **1**《孙子兵法》孙武著，町田三郎译（中央公论新社）◆ **2**《高卢战记》恺撒著，国原吉之助译（讲谈社）◆ **3**《恺撒》阿德里安·戈兹沃西著，宫坂涩译（白水社）◆ **4**《历史群像系列 26 成吉思汗下卷 与狼之战及元朝的成立》（学习研究社），《蒙古治世 成吉思汗创建的新世界》杰克·威泽弗德著，星川淳监译，横堀富佐子译（日本放送出版协会）◆ **5**《君主论》（新版）马基亚维利著，池田廉译（中央公论新社）

第 2 章 竞争战略

◆ **6**《竞争战略论 I、II》（新版）迈克尔·E. 波特著，竹内弘高译，DIAMOND 哈佛商业评论编辑部 译（钻石出版社），《波特 VS 巴尼论争之后》冈田正大（2013 年 10 月《哈佛商业评论》）◆ **7**《企业战略论上·中·下》杰恩·B. 巴尼著，冈田正大译（钻石出版社）◆ **8**《前瞻性企业》吉姆·柯林斯著，山冈洋一译（日经 BP 社）◆ **9**《战略专家》三枝匡著（日本经济新闻出版社）

第 3 章 规避竞争的竞争战略

◆ **10**《兰切斯特战略入门》田冈信夫著（商务社）◆ **11**《蓝海战略》（新版）W. 钱·金，勒妮·莫博涅著，入山章荣监译，有贺裕子译（钻石出版社）◆ **12**《五大竞争要因战略》弗雷德·克劳福德、瑞安·马修斯著，星野佳路监译，长泽茜、仲田由美子译 ◆ **13**《没有竞争的竞争战略》山田英夫著（日本经济新闻出版社）

第 4 章 产业结构战略

◆ **14**《丰田生产方式》大野耐一著（钻石出版社）◆ **15**《区块链革命》唐·塔普斯科特、亚力克斯·塔普斯科特著，高桥璃子译（钻石出版社）◆ **16**《马化腾的腾讯帝国》林军、张宇宙著，高桥豪、唐艾迪译（日本侨报社）◆ **17**《亚马逊、宜得利家居、ZARA……超级物流战略》角井亮一著（PHP 研究所）◆ **18**《杰夫·贝佐斯——无穷的野心，亚马逊的创始人、无敌的经营奇才》布拉德·斯通著，井口耕二译（日经 BP 社）

第 5 章 执行战略

◆ **19**《战略历程：穿越战略管理旷野的指南》亨利·明茨伯格、布鲁斯·阿尔斯特兰德、约瑟夫·兰佩尔著，木村充、奥泽明美、山口 akemo 译（东洋经济新报社）◆ **20**《经营即“执行”，即为明日获取成果的铁律》拉里·博西迪、拉姆·查兰著，高达裕子译（日经 BP 社）◆ **21**《高产出管理 培育人才，让成果最大化的管理》安迪·S. 葛洛夫著，小林薰译（日经 BP 社）◆ **22**《青色进化型组织 颠覆管理常识，重塑新一代组织》弗雷德里克·莱卢著，铃木立哉译（英治出版）

第 6 章 创新战略

◆ **23**《创造知识的企业》野中郁次郎、竹内弘高著，梅本腾博译（东洋经济新报社）◆ **24**《富于创造的经营者》彼得·F. 德鲁克著，上田淳生译（钻石出版社）◆ **25**《创新者的解答》克雷顿·克里斯坦森、迈克尔·雷纳著，玉田俊平太监译，樱井祐子译（翔泳社）◆ **26**《从 0 到 1 开启商业与未来的秘密》彼得·蒂尔、布莱克·马斯特斯著，关美和译（NHK 出版）

第 7 章 IT 时代的战略

◆ **27**《双管齐下式经营》查尔斯·A. 欧莱利、迈克尔·L. 图什曼著，入山章荣监译，渡部典子译（东洋经济新报社）◆ **28**《平台革命》杰奥夫雷·G. 帕克、马歇尔·W. 范·埃尔斯泰恩、桑基特·保罗·邱达利著，妹尾坚一郎监译，渡部典子译（钻石出版社）◆ **29**《信息文明学》梅棹忠夫著（中央公论新社）◆ **30**《互联网四大：四骑士重建世界》斯科特·加洛韦著，渡会圭子译（东洋经济新报社）

第 8 章 战争史

◆ **31**《战争论》卡尔·冯·克劳塞维茨著，清水多吉译（中央公论新社）◆ **32**《战略论》巴兹尔·亨利·利德尔·哈特著，市川良一译（原书房）

图书在版编目（CIP）数据

图解战略：一本书读懂3000年战略史 / [日]铃木博毅著；[日]泷丽绘；周素，陈广琪译. —— 北京：文化发展出版社，2021.6（2025.1重印）

ISBN 978-7-5142-3459-6

Ⅰ. ①图… Ⅱ. ①铃… ②泷… ③周… ④陈… Ⅲ. ①企业管理-战略管理 Ⅳ. ①F272.1

中国版本图书馆CIP数据核字(2021)第093518号

版权合同登记号图字：01–2021–2013

图解战略：一本书读懂3000年战略史

[日] 铃木博毅 | 著　　[日] 泷丽 | 绘　　周　素 陈广琪 | 译

策划编辑 | 周　蕾
责任编辑 | 周　蕾　　责任校对 | 岳智勇
责任设计 | 侯　铮　　责任印制 | 杨　骏

出版发行 | 文化发展出版社（北京市翠微路2号 邮编：100036）
网　　址 | www.wenhuafazhan.com
经　　销 | 各地新华书店
印　　刷 | 唐山楠萍印务有限公司
开　　本 | 880mm×1230mm　1/32
字　　数 | 130千字
印　　张 | 7.25
版　　次 | 2021年7月第1版　2025年1月第4次印刷
定　　价 | 49.20元
I S B N | 978-7-5142-3459-6

◆ 如发现任何质量问题，请与我社发行部联系。发行部电话：010-88275710